EM BUSCA
DA EXCELÊNCIA
PROFISSIONAL

Eugênio Sales Queiroz

EM BUSCA
DA EXCELÊNCIA
PROFISSIONAL

© 2017, Madras Editora Ltda.

Editor:
Wagner Veneziani Costa

Produção e Capa:
Equipe Técnica Madras

Revisão:
Ana Paula Luccisano
Maria Cristina Scomparini
Neuza Rosa

Dados Internacionais de Catalogação na Publicação (CIP)
(Câmara Brasileira do Livro, SP, Brasil)

Queiroz, Eugênio Sales
Em busca da excelência profissional / Eugênio
Sales Queiroz. -- São Paulo : Madras, 2017.
Bibliografia
ISBN: 978-85-370-1093-8

1. Autoajuda - Técnicas 2. Carreira profissional -
Desenvolvimento 3. Desenvolvimento pessoal
4. Desenvolvimento profissional 5. Realização pessoal
6. Realização profissional I. Título.

17-07442   CDD-650.1

Índices para catálogo sistemático:
1. Desenvolvimento pessoal e profissional :
Administração 650.1

É proibida a reprodução total ou parcial desta obra, de qualquer forma ou por qualquer meio eletrônico, mecânico, inclusive por meio de processos xerográficos, incluindo ainda o uso da internet, sem a permissão expressa da Madras Editora, na pessoa de seu editor (Lei nº 9.610, de 19/2/1998).

Todos os direitos desta edição reservados pela

MADRAS EDITORA LTDA.
Rua Paulo Gonçalves, 88 – Santana
CEP: 02403-020 – São Paulo/SP
Caixa Postal: 12183 – CEP: 02013-970
Tel.: (11) 2281-5555 – Fax: (11) 2959-3090
www.madras.com.br

Que Proveito o Leitor Tirará do Livro?

Sem motivação não há ação para o sucesso. Essa é a síntese deste livro, que esclarece ao leitor a importância de manter-se motivado em seu ambiente de trabalho, buscando alternativas para melhorar sempre sua qualidade profissional. Após ler este livro, o leitor estará mais capacitado para enfrentar os desafios advindos do mundo globalizado e de grandes e profundas transformações.

Qual o Perfil do Público-Alvo?

Este trabalho é destinado a todos que buscam melhorar a sua autoestima profissional, optando por ser mais bem-sucedido em sua carreira, seja ele universitário ou empresário de sucesso.

O Que Este Livro Oferece ao Leitor?

No decorrer de toda a obra, o leitor descobrirá com mais clareza que é possível encontrar prazer no dia a dia profissional, que o planejamento diário ajuda a economizar tempo e dinheiro, que uma autoanálise profissional é essencial para continuar obtendo melhores resultados, que é preciso coragem para enfrentar as mudanças que acontecem no mundo corporativo, que o equilíbrio emocional ajuda o profissional a ser mais sereno em suas atitudes, conseguindo assim melhores resultados.

Dedicatória

Às minhas inspirações de vida: minha esposa, Joelma Lucia, e minha filha, Júlia Caroline.
Aos meus saudosos pais, José Queiroz e Juracy Queiroz.
Aos meus irmãos: Dorinha, José Queiroz Filho, Luiz Queiroz, Maria de Fátima, Maria do Carmo, Paulo Queiroz e Lúcia Queiroz.
Às minhas cunhadas, Maria Goretti, Gilva Andrade, Zoraide Tibúrcio. Ao meu cunhado José Valter Rodrigues.
A todos os meus sobrinhos.
A minha sogra Lindalva Pereira, as minhas cunhadas Adriana Pereira e Silvana Pereira

Agradecimentos

*A Edson Honorato, Luiz Costa e à equipe da Madras Editora.
A Alberes Lopes, Carlos César, Luiz Vicente,
Mons. Olivaldo Pereira, Fenando Silvestre Djalma Farias Cintra,
Dr. Luiz de França, Lélio Pagioro, Eri Santos, Mário Flávio,
Sebastião Rodrigues, Jr. Almeida, Ivo Sutter, Eliane Lopes, Adeílda
Quixabeira, Andrea Fabiana, Auriane Flávia, Arijaldo Carvalho
e à equipe do Jornal Vanguarda.*

Índice

Prefácio 18
Introdução 20

Capítulo 1
Descobrindo o Prazer no Trabalho 22

Capítulo 2
Chega de Omissões, Medos e Comodismos,
é Hora de Ir à Luta 25

Capítulo 3
Tenha Equilíbrio Emocional no Trabalho 27

Capítulo 4
Trabalhe com Bom Humor 29

Capítulo 5
Use Bem Suas Habilidades e Competências 31

Capítulo 6
A Era da Cooperação 33

Capítulo 7
Seja um Excelente Estrategista 35

Capítulo 8
Seja Dinâmico 37

Capítulo 9
Tempo Profissional Vale Ouro. Use-o Bem 39

Capítulo 10
Aprenda a Liderar 41

Capítulo 11
Interaja com Outros Setores 43

Capítulo 12
Administre Bem Sua Vida Pessoal 45

Capítulo 13
O Valor do Entusiasmo Profissional 47

Capítulo 14
Comece com o Que Tem em Mãos 49

Capítulo 15
Palavra de Ordem: Profissionalismo! 52

Capítulo 16
Evite o Comodismo 53

Capítulo 17
Pense e Aja de Forma Inovadora 54

Capítulo 18
Aprenda a Gerenciar 56

Capítulo 19
Enfrente o Medo de Vencer 57

Capítulo 20
Comunique-se com Segurança 59

Capítulo 21
Aprenda Tudo Que Puder com
Treinamentos e Capacitações 60

Capítulo 22
Preste Atenção aos Detalhes que o Levam ao Sucesso 61

Capítulo 23
Não Deixe Sua Carreira Estagnar 63

Capítulo 24
O Processo de *Coaching* Pode
Ajudá-lo em Sua Trajetória Profissional 65

Capítulo 25
Mire nos Objetivos e Não nos Obstáculos 67

Capítulo 26
Quando Algo não Estiver Dando
Certo, Reveja Alguns Pontos 69

Capítulo 27
Use Bem Seu Tempo para Obter Melhores Resultados 71

Capítulo 28
Use Bem as Emoções para Alavancar Seu Sucesso 73

Capítulo 29
Lembre-se: Obter Sucesso Dói Muito 75

Capítulo 30
Avalie Sempre Como Anda Seu Crescimento Profissional 77

Capítulo 31
Tenha Sempre Foco e Autoconfiança 79

Capítulo 32
Transforme Desejos em Metas 81

Capítulo 33
Use Bem o Marketing Pessoal
para Obter Reconhecimento Profissional.. 83

Capítulo 34
Procure Ajuda de um *Coach* 85

Capítulo 35
Faça da Leitura um Hábito 87

Capítulo 36
Como Produzir mais em Menos Tempo e
com Mais Qualidade? 89

Capítulo 37
Lembre-se: Autoanálise de Vez em Quando Faz Bem 91

Capítulo 38
Tenha um Planejamento Diário 93

Capítulo 39
Use a Inteligência Emocional para Atingir o Sucesso 95

Capítulo 40
Faça seu Tempo Render Mais 97

Capítulo 41
Encontre Sempre Equilíbrio entre Emoção e Razão 98

Capítulo 42
Evite Estar Sempre Reclamando 99

Capítulo 43
Se Não Ousar, Nada Vai Conseguir 101

Capítulo 44
Venda-se Profissionalmente 103

Capítulo 45
Cultive o Entusiasmo Sempre..105

Capítulo 46
O Sucesso é Sempre uma Questão de Atitude
e Não de Sorte...107

Capítulo 47
Procure Sempre Manter o Equilíbrio Emocional..................109

Capítulo 48
Desenvolva Bem a Espiritualidade no Trabalho...................111

Capítulo 49
Atitude Positiva Pode Fazer Toda a Diferença.....................112

Capítulo 50
Assuma Sempre Novos Desafios...114

Capítulo 51
Repense Sempre Sua Trajetória Profissional........................116

Capítulo 52
Saiba Quais São as Suas Principais
Qualidades e Invista Nelas...118

Capítulo 53
Use Seus Pontos Fortes a Seu Favor.......................................120

Capítulo 54
Livre-se da "Desculpite Profissional Aguda"........................121

Capítulo 55
Acredite: Você Pode Fazer Toda a Diferença.......................123

Capítulo 56
Busque Sempre a Excelência...125

Capítulo 57
Tenha uma Rede de Relacionamento.....................................127

Capítulo 58
Diante das Adversidades não Perca a Paciência 129

Capítulo 59
Tenha Sempre a Excelência Como
Forma de Fazer Sucesso 131

Capítulo 60
Não Tenha Medo de Fazer Sucesso 132

Capítulo 61
Siga os Mandamentos para o Sucesso Profissional 134

Capítulo 62
Supere-se a Cada Novo Dia 136

Capítulo 63
Use a Motivação Como Diferencial Competitivo 138

Capítulo 64
Invista Sempre em Sua Carreira 139

Capítulo 65
Use Bem a Estratégia do Foco 141

Capítulo 66
Seja um Profissional Diferenciado 143

Capítulo 67
Tenha Atitude. Fique de Olho nas Oportunidades 145

Capítulo 68
Trabalhe Bem Sua Empatia
nos Relacionamentos Profissionais 146

Capítulo 69
Use Sua Força Máxima 148

Capítulo 70
Use Bem as Redes Sociais para Obter Sucesso 150

Capítulo 71
Preste Atenção a Tudo Aquilo
Que Retarda o Resultado Esperado 152

Capítulo 72
Seja Sempre Muito Determinado 154

Capítulo 73
Cuidado com a Desmotivação
Que Assola o Mundo Moderno 156

Capítulo 74
Faça Mais do Que é Pago para Fazer 158

Capítulo 75
Cuidado com a Autossabotagem 160

Capítulo Final 162

Bibliografia 164

Prefácio

A existência humana deve ser analisada sob dois aspectos básicos e fundamentais: o indivíduo e o povo. Individualmente, o homem se realiza naquilo que projeta como realização pessoal; como coletividade, o somatório das conquistas pessoais forma o objeto social na direção do bem comum tão almejado.

A busca do ofício passa a ser, portanto, o fator determinante das conquistas que, se bem dirigidas, produzirão os elementos de sustentação da família e, consequentemente, de qualquer comunidade, povo ou nação.

É exatamente sobre esse ofício (o trabalho) que Eugênio Sales trata neste seu mais novo livro. Após a leitura dos originais – **na incumbência que tive do autor de prefaciá-lo, que faço com prazer** –, percebi não se tratar apenas de mais um manual de autoajuda, como tantos já existentes no mercado livresco brasileiro!

Com capítulos curtos e objetivos (sem, contudo, desprezar a natureza enfática de cada tópico), Eugênio Sales Queiroz aborda, com extrema felicidade, os postos-chave para um bom desempenho pessoal e profissional, duas vertentes que não se podem separar.

Assuntos como: ***descobrindo o prazer no trabalho, sobrevindo às mudanças, habilidade e competência*** – *"As empresas estão cada vez mais interessadas em indivíduos que saibam usar sua habilidade e toda a sua competência em prol do crescimento delas"* – e ***a era da cooperação*** são, dentre outros, um conjunto valioso de recomendações abalizadas pelo próprio contexto do mercado de trabalho atualmente, que exige reciclagem e desenvolvimento pessoal e profissional constante.

Neste livro o consultor **Eugênio Sales** consegue, com a competência que já o credencia como notável escritor, resumir a oração do saudoso **Ulisses Guimarães**, quando disse: *"O homem será verdadeiramente feliz quando fizer do dever um prazer"*.

Este livro deve ser lido por todos os que encalçam o sucesso, o que, a princípio, deve permear cada um de nós, e pelo conjunto de nós todos.

Avaniel Marinho

Introdução

Melhorar sempre, esta é palavra de ordem no cenário profissional.

Quem não estiver disposto a pagar o preço do sucesso, na certa não terá muitas chances de vitória. O momento é de grande concorrência, mas ao mesmo tempo serve como motivação para quem deseja progredir na sua vida profissional.

Não há mais espaço para os reclamadores de plantão, tampouco para os acomodados. Chegou o momento de o profissional assumir de vez a sua postura e determinar-se a melhorar e qualificar da melhor maneira possível a sua *performance*.

***É preciso acreditar na mudança interior,
para segurar as rédeas da incerteza
com força e bravura de campeão.***

Que este livro que você, leitor, começa a desfrutar agora possa fazê-lo se sentir mais motivado e entusiasmado a seguir sua caminhada com amor e dedicação. Que, nas entrelinhas de cada capítulo, uma mensagem forte possa ecoar no seu interior, orientando-o a melhorar sua qualidade profissional, levando-o a conseguir resultados fantásticos com a sua bravura e a sua vontade de vencer.

Em Busca da Excelência Profissional é um livro que mostrará a você que:

- ➢ é possível encontrar prazer no dia a dia de trabalho;
- ➢ o planejamento diário ajuda-nos a economizar tempo e dinheiro;

- uma autoanálise profissional é essencial para continuar no rumo certo da nossa carreira;
- é preciso coragem para enfrentar as mudanças;
- um profissional valente precisa de desafios;
- a autoconfiança é essencial para o sucesso;
- o equilíbrio emocional ajuda-nos a enfrentar o estresse do cotidiano.

Enfim, cada capítulo desta obra servirá como um meio de você refletir sobre sua própria carreira profissional. E, ao término deste livro, tenho a plena certeza de que você terá mais entusiasmo e alegria para seguir rumo a suas conquistas e alegrias profissionais.

Boas vibrações e uma excelente leitura.

O Autor

Capítulo 1

Descobrindo o Prazer no Trabalho

O mundo só evoluiu ao que é hoje em razão do trabalho realizado desde os primórdios dos tempos. E, segundo os estudiosos, o mundo evoluirá daqui para a frente com muito mais velocidade do que a nossa mente possa imaginar. Isso se deve à dinâmica e à velocidade com que as informações tomam conta de toda a humanidade. Progredir e prosperar são os desejos de todo ser existente neste planeta chamado Terra; em virtude disso, cada vez mais cresce a ambição humana que, se bem administrada, trará sempre resultados satisfatórios para toda sociedade.

Foi e sempre será por meio do trabalho que nós, seres humanos, desfrutaremos das riquezas existentes por toda parte. E também é mediante o desempenho profissional que cada um de nós pode colaborar para um mundo mais dinâmico e mais humanizado, embora na prática, muitas vezes, as coisas não aconteçam assim.

E é exatamente nesse sentido que precisamos trabalhar com alegria e com grande entusiasmo.

O trabalho, por si só, não pode ser encarado como um castigo, porém deve ser enxergado de maneira que o ser humano possa contribuir para que o mundo continue evoluindo.

Então como trabalhar de forma que o indivíduo se sinta útil e valorizado?

Como o ser humano pode fazer da sua profissão uma alegria de vida?

Perguntas como essas interferem diretamente no comportamento de todo profissional, principalmente daqueles que não gostam da profissão que exercem ou dos que não gostam mesmo de trabalhar, seja lá qual for o seu ofício.

Mas não é muito difícil encontrar as respostas certas para essas perguntas. É preciso apenas bom senso e coragem para descobrir o caminho que leva todo profissional a se sentir bem com o seu próprio trabalho do dia a dia.

Respondendo à primeira pergunta de maneira a clarear o verdadeiro sentido do trabalho, é necessário entender que tudo no mundo pode ser mudado e, mais do que isso, mudado para melhor.

Se o indivíduo trabalha como comerciário, por exemplo, e jamais gostaria de trabalhar nesta profissão, é necessário que ele encontre na atual atividade que exerce algum prazer, ou pelo menos descubra alguma maneira de tirar proveito desse instante, engrandecendo o seu conhecimento para mais tarde ter um melhor rendimento em outra profissão, ou quiçá passe a gostar dessa, pois tudo aquilo que de certa forma desagrada no momento e se descobre a verdadeira causa, aumentará as chances de o indivíduo vir a disso gostar de modo surpreendente.

Respondendo à segunda pergunta deste capítulo, deve-se entender que encontrar alegria na profissão que se exerce pode até não ser fácil, mas com certeza, com a experiência do cotidiano, tudo pode ser modificado para melhor, basta que cada um descubra no seu íntimo valores que até então eram desconhecidos.

Todavia, todo profissional deve descobrir em si mesmo os seus próprios valores e desejos.

E só se pode ir a algum lugar sabendo onde este se localiza.

"Não há vento favorável para quem não sabe aonde vai."

Guillaume d'Órange.

Partindo do princípio dessa citação anterior, todo profissional, seja ele em início de carreira ou não, deve saber com objetividade aonde quer chegar. É necessário uma definição de propósito na carreira profissional de cada um. Se não houver ponto de chegada, qualquer caminho serve, e com certeza nenhum objetivo será alcançado.

> "Uma pessoa feliz vai conseguir realizar suas metas profissionais e atingir seus objetivos. E isso a tornará mais feliz."
>
> **Roberto Shinyashiki**

Felicidade profissional é sentir o prazer tanto nas grandes realizações como nas pequenas conquistas.

Deve-se ser feliz durante o trajeto e não só na chegada ou na obtenção de resultados positivos, pois se realiza mais e melhor todo aquele que trabalha com contentamento e dinamismo, duas características dos que estão sempre vencendo e derrubando barreiras.

Analisando seriamente todos os pormenores citados neste capítulo e, mesmo assim, você não encontra alegria na sua atual profissão, então é chegado o momento de uma reflexão interior, em que novos caminhos precisam ser descobertos e seguidos, quem sabe até uma mudança de profissão a fim de que o entusiasmo seja realmente encontrado. Para isso são necessárias muita coragem e força de vontade para trilhar novos caminhos profissionais, porque o mundo continua evoluindo cada vez mais rápido e não se pode parar no tempo.

Saber o que realmente se quer da vida é uma atitude otimista que leva o ser humano a mudanças que se fazem necessárias para um crescimento profissional e, também, para maior socialização e bem-estar de todo ser humano.

Capítulo 2

Chega de Omissões, Medos e Comodismos, é Hora de Ir à Luta

Observe, ao seu redor, quantas pessoas conseguiram prosperar e obter sucesso na vida. Com certeza, essas pessoas não se omitiram, nem tiveram medo, tampouco foram comodistas.

Para desempenhar bem o trabalho que lhe é incumbido, o indivíduo precisa estar disposto a seguir os parâmetros da profissão que escolheu. Jamais pode omitir-se de enfrentar novos desafios e de descobrir sempre novas maneiras de apresentar bem o seu trabalho.

O mercado de hoje necessita do profissional que está sempre alerta a seguir as regras, porém, que esteja também disposto a mudar essas mesmas regras quando se fizer necessário. Em muitos casos, deixar de dar uma opinião ou sugestão, principalmente quando se tem uma boa ideia, significa que este profissional não está apto a desenvolver melhor a atividade que exerce. Precisa-se de coragem e a franqueza de declarar suas sugestões a fim de que a empresa prospere da melhor maneira possível.

O medo, claro, faz parte da vida, mas é preciso enfrentá-lo com supremacia, com determinação e força de vontade.

Não se pode, portanto, acovardar-se em uma situação inesperada. É preciso desenvolver um raciocínio lógico e enfrentar a situação reunindo o maior número de sugestões possível, a fim de que o problema seja resolvido.

Claro que com o tempo essa habilidade é melhorada na vida de todo indivíduo. Mas, para isso, é necessário treinamento constante. O profissional que deseja subir um degrau a mais precisa estar consciente de que suas atitudes diárias o fortalecerão em um futuro próximo.

Outro fator importante a ressaltar neste capítulo é que nenhum profissional pode acomodar-se em sua profissão, achando que já sabe tudo e que não precisa aprender mais nada. Quem estiver pensando assim está caminhando para o fracasso total, profissionalmente falando.

Como o mundo está em constante transformação, faz-se necessário contudo que todo profissional esteja sempre se reciclando, ou seja, aperfeiçoando suas técnicas e o seu modo de trabalhar.

Quanto mais se aprende, mas se pode trabalhar de forma que a sua profissão seja um retrato também da sua personalidade. E só se consegue isso com planejamento, disponibilidade e desejo de vencer.

Então, é importante frisar que toda pessoa que deseja obter melhores resultados em seu trabalho, em sua profissão, deve estar disposta a seguir em frente com empenho, coragem e, principalmente, saber aonde quer chegar.

Mais do que nunca, é necessário que todo profissional não se omita dos seus afazeres, não tema os imprevistos nem se acomode, a fim de obter resultados satisfatórios rumo ao seu desejo maior de prosperar cada vez mais.

Capítulo 3

Tenha Equilíbrio Emocional no Trabalho

Como sabemos, diariamente, problemas variados acontecem no nosso cotidiano profissional e muitos deles acabam tirando a nossa paz, deixando-nos, muitas vezes, irritados e sem o menor poder de reação, bloqueando a nossa força interior. Quando isso acontece, o nosso equilíbrio emocional acaba sendo prejudicado.

- Então, como lidar com as adversidades do trabalho sem prejudicar as nossas emoções?
- Como resolver os nossos problemas profissionais sem nos deixar abater?

Em primeiro lugar, é preciso compreender que problemas complicados irão surgir naturalmente em nossas vidas, porém o importante é sabermos resolvê-los da melhor maneira possível, buscando meios diferentes de solucionar todo e qualquer tipo de problema. Não devemos, de modo nenhum, perder o equilíbrio emocional; devemos continuar firmes no propósito de que todo problema espera a solução mais apropriada. Contudo, se perdermos o nosso controle emocional, na certa a nossa capacidade de enfrentar obstáculos será notadamente afetada.

É preciso compreender também que não se resolvem problemas com imposições ou, popularmente falando, "forçando a barra", pois tudo que é forçado acaba prejudicando de alguma maneira o setor em que o problema foi gerado.

Com tudo isso, o nosso equilíbrio emocional deve ser treinado diariamente a fim de que tenhamos controle absoluto dos nossos sentimentos e de nossas reações.

Aprender a entender nossas reações emocionais nos tempos de hoje é de fundamental importância, porque a velocidade dos acontecimentos tira-nos, muitas vezes, o poder de concentração, bloqueando a nossa mente e prejudicando nosso desempenho profissional.

O importante é conviver com os problemas de forma pacífica e ao mesmo tempo de maneira ativa, sem deixar para amanhã o que se pode resolver hoje.

Técnicas aprovadas por psicoterapeutas ajudam-nos a entender melhor nossas emoções e nossas reações.

São elas:

1. **Relaxamento e Meditação**: essas técnicas precisam ser realizadas com bastante frequência, pois elas, se bem executadas, têm o poder de gerar energia positiva em todo sistema cerebral, dando-nos um impulso preciosíssimo em nossa vida.

2. **A leitura diária** de livros, jornais, etc. é uma técnica desenvolvida para que a nossa mente esteja sempre evoluindo, mas é bom salientar que nem todo tipo de leitura é saudável para nossa mente, por isso devemos evitar alguns tipos de leitura que nos deixem tristes, preocupados ou até mesmo apreensivos; as leituras recomendadas por psicólogos e especialistas no assunto são as que estimulem o cérebro a pensar e a refletir sobre sua própria vida.

3. **Exercícios físicos** também são considerados pelos estudiosos como vitais para que o nosso equilíbrio físico e emocional esteja sempre em perfeito estado. Por isso temos de escolher um exercício que nos agrade, por mais simples que seja. Precisamos começar aos poucos e depois irmos aumentando de acordo com a nossa capacidade física; em pouco tempo, vamos sentir uma enorme diferença em nossas ações diárias.

Usando essas técnicas com certa frequência, vamos perceber com o tempo que nossas reações, diante dos acontecimentos e imprevistos no dia a dia, serão mais coerentes com nossa maneira de ser e com o nosso poder de agir corretamente.

Capítulo 4

Trabalhe com Bom Humor

Com problemas sérios para resolver, reuniões para participar a todo momento, contratempos particulares, engarrafamento, fazer visitas a clientes exaltados e, ainda, ter de trabalhar com bom humor: essa é a rotina de muitos trabalhadores.

Porém, já ouvimos falar que quem trabalha com entusiasmo e procura manter um equilíbrio em suas tarefas diárias progride muito mais do que a pessoa que executa seus trabalhos de maneira agressiva, tentando livrar-se dos problemas e não administrá-los melhor.

A diferença de um profissional feliz e de um profissional mal-humorado é que o primeiro leva em seu rosto um sorriso aonde quer que vá, enquanto o segundo trabalha apenas por obrigação, não desenvolvendo sua autoestima, por isso seus resultados nem sempre serão satisfatórios.

Ressaltamos também que todo e qualquer profissional que deseja prosperar em sua atividade deve aprender a lidar com seu bem-estar e procurar ser feliz enquanto executa suas tarefas, não apenas quando obtém sucesso em alguma tarefa concluída.

Ser feliz durante a caminhada prepara o nosso espírito para conquistas cada vez maiores, impulsionando-nos sempre ao nosso objetivo.

Existem, porém, pessoas que adiam a felicidade, achando que só podem ser felizes quando atingirem seus objetivos. Mas quem pensa assim, com o tempo, vai descobrindo que a vida vai passando e que fica cada vez mais difícil ser feliz, pois felicidade é um estado de espírito, daí nasce a necessidade de ser feliz durante o caminhar.

Agora, temos uma boa notícia para você que há algum tempo vem trabalhando desanimadamente. Uma recente pesquisa nos Estados Unidos mostrou que as pessoas que não tinham resultados positivos em seus trabalhos, mas que procuraram desenvolver melhor sua autoestima, em máximo três meses, os seus desempenhos foram melhorados em mais de 80%, ou seja, quase dobraram seus rendimentos profissionais.

Neste instante você pode estar perguntando:
"Existe alguma mágica para melhorar a nossa autoestima?".

– Mágica não, há caminhos que nos levam a desenvolver uma autoestima saudável, ajudando-nos a trabalhar com mais alegria e entusiasmo.

Eis aqui algumas dicas importantes para você ter uma vida profissional mais feliz:

1. Procure manter sempre um sorriso no rosto não só quando estiver alegre por algum motivo, mas também quando sentir que a angústia, a tristeza e a tensão estiverem tentando tomar conta da sua mente.
2. Busque ajuda de pessoas que transmitam segurança e simpatia; essas pessoas têm consigo um poder contagiante que pode ajudá-lo a manter o seu equilíbrio emocional sadio.
3. Leia livros que inspirem sua mente e que de alguma forma ajudem-no a encontrar um sentido otimista para sua vida.
4. E, sempre que puder, procure fazer caminhadas procurando deixar sua mente livre e sossegada, a fim de que você relaxe um pouco, dando-lhe um sentido novo a sua vida.

Técnicas simples como essas têm o poder de nos ajudar a manter dispostos a enfrentar os desafios do dia a dia.

Ouse ser feliz desde agora e não espere que a felicidade chegue amanhã, afinal amanhã é um dia que nunca chega.

Capítulo 5

Use Bem Suas Habilidades e Competências

Vamos falar de duas palavrinhas-chave que fazem toda a diferença nos dias atuais.

As empresas estão cada vez mais interessadas em indivíduos que saibam usar sua habilidade e toda a sua competência em prol do crescimento delas.

Não adianta ter carisma, conhecimento, diplomas e mais diplomas se o indivíduo não tem a capacidade de colocar em prática tudo aquilo que aprendeu durante toda sua vida, pois hoje em dia o dito popular "quem não tem competência não se estabelece" está atualizadíssimo em toda empresa que se preza.

Essas duas características, "habilidade e competência", têm uma conotação muito abrangente do que tinham em tempos passados.

Com a chegada da informática e com o crescimento assustador da concorrência, essas duas características precisam ser mais do que nunca aprimoradas por todo profissional que deseja progredir e obter sucesso.

Faz-se necessário, então, que todo profissional descubra realmente suas habilidades e suas competências e as coloque em prática.

Nos tempos atuais, é de suma importância que o profissional que almeja sucesso coloque em ação o seu conhecimento e todo seu poder de ação, agindo sempre com o intuito de vencer os desafios e conquistar cada vez mais um lugar ao sol.

Outro fator importante para que a capacidade alcance seus objetivos é a determinação do profissional de observar as mudanças que acontecem no seu próprio interior, ou seja, coisas que antes tinham um valor importante e hoje não tem mais. Entender esse processo é importante a fim de que esse indivíduo, cada vez mais, possa progredir rumo ao sucesso profissional.

É preciso compreender também que as empresas, atualmente, estão interessadas em pessoas que estejam dispostas a usar suas habilidades em setores diferentes da empresa, pois o profissional competente é aquele que não recusa desafios e sabe encarar as mudanças necessárias para sua vida profissional.

Em um futuro muito próximo, as empresas pagarão aos seus funcionários não mais salários fixos ou comissões, mas pagarão por seu desempenho e pela sua habilidade em lidar com os mais variados obstáculos.

Esse é mais um motivo para que todo profissional que deseja aprender e crescer cada dia mais, não pare no tempo e ponha em prática toda a sua habilidade e competência, a fim de que seu trabalho seja sempre notado e valorizado.

Entender as profundas mudanças pelas quais o mercado de trabalho está passando é fundamental para toda pessoa que está em busca de sucesso e de projeção dentro do seu âmbito profissional.

Porém, as mudanças devem ocorrer em seu interior, como citei há pouco, e elas devem fazer parte da sua vida constantemente, não apenas em alguns períodos.

Crescer profissionalmente exige do profissional uma dosagem de coragem, determinação e força de vontade; agindo dessa maneira, o seu futuro, com certeza, mostrar-lhe-á que todo seu trabalho, aliado à sua habilidade e competência, foi essencial para o seu sucesso.

Encerro este capítulo com uma dica muito importante para você:

Não espere o momento propício para agir e tomar decisões, comece a agir desde já, use seu poder intuitivo e reinvente sua carreira profissional.

Capítulo 6

A Era da Cooperação

É absolutamente primordial, nos dias atuais, trabalhar em equipe para que a empresa funcione da melhor maneira possível.

E a palavra-chave de toda e qualquer empresa que se preze é *cooperação* entre seus membros.

Cooperar é interagir, é conseguir que os resultados almejados sejam trabalhados em equipe.

Mas lidar com seres humanos nem sempre é fácil, pois, como sabemos, cada um pensa de um modo diferente e as ideias nem sempre são compartilhadas por todos; daí nasce um impasse que, muitas vezes, transforma um trabalho que vinha sendo elaborado com muito esforço em um fracasso total.

Então, como trabalhar em equipe cooperando uns com os outros, mesmo com pensamentos diferentes, sem comprometer o resultado final?

Realmente, é uma situação que não existe receita pronta, tampouco há uma forma mágica de resolver esse impasse.

Mas a equipe, em sua totalidade, pode e deve adotar novas maneiras de trabalhar e resolver seus problemas diários, aplicando algumas regrinhas básicas, a fim de que o respeito pelo colega de trabalho seja preservado e, com muita paciência e diplomacia, os trabalhos a serem executados não sejam comprometidos.

São elas:

1. **Cada um da equipe deve entender que todos estão ali para resolver problemas e não para fazer valer suas imposições e suas vaidades pessoais.**

2. Ouvir bem para que nenhum assunto seja entendido mal nem interpretado ao bel-prazer de cada participante.
3. Admitir que o outro tem uma ideia melhor é uma demonstração de humildade e grandeza.
4. E a mais importante dica de todas é que, após o final de uma reunião, todos colaborem com a pessoa que lançou uma ideia nova e que foi aprovada pela maioria.

Seguindo essas regras, um passo gigantesco terá sido dado rumo ao sucesso de toda a equipe.

A cooperação faz-se necessária em todo e qualquer trabalho pelo simples fato de que duas cabeças pensam melhor do que uma, e trabalhar em equipe é um desafio e, ao mesmo tempo, um modo de solucionar problemas e fazer com que os resultados positivos aconteçam.

Uma empresa em que seus membros não cooperam entre si está fadada a não conseguir os resultados almejados.

Toda empresa, seja ela de pequeno, médio ou grande porte, deve adotar uma política de grande cooperação entre seus funcionários, com o intuito de que ela possa com seus membros progredir cada vez mais.

Porém, é bom lembrar que cooperar não é fazer o trabalho do outro, mas ajudar a equipe a realizar o melhor trabalho possível.

Capítulo 7

Seja um Excelente Estrategista

Trabalhando por conta própria ou mesmo em uma empresa, o profissional que almeja o sucesso terá de elaborar suas próprias metas e estratégias e cumpri-las à risca, pois em um mercado competitivo faz-se necessário que todo profissional tenha a ousadia de formar metas cada vez mais arrojadas e dinâmicas com o intuito de vencer os obstáculos e progredir da melhor maneira possível.

As estratégias servem para nos guiar e para facilitar o nosso trabalho; isso porque, à medida que elaboramos metas e conseguimos cumpri-las, sentimos uma sensação de progresso, o que nos dá mais ânimo e mais vontade de seguirmos em frente.

Ser um excelente estrategista significa também que alguns fatores devem ser respeitados no exato momento em que novos objetivos precisam ser alcançados.

São eles:

➢ Saber onde se está e aonde se quer chegar.
➢ Estabelecer metas claras.
➢ Direcionar toda a atenção possível para o objetivo a ser conquistado.
➢ Procurar entender todo processo que o problema está passando e procurar meios de solucionar, primeiro, os mais difíceis.
➢ Estudar cada etapa e tomar as providências cabíveis, sem adiar para o dia seguinte o trabalho que pode ser feito imediatamente.

É bom entender também que é muito importante estabelecer metas cada vez mais ousadas e ao mesmo tempo envolventes, mas que de alguma forma saibamos o caminho que deve ser seguido.

Capítulo 8

Seja Dinâmico

Trabalhar com dinamismo é muito importante na carreira profissional de todo indivíduo. Afinal, um profissional dinâmico é aquele que faz mais com menos, age com mais segurança e tem maior habilidade com suas tarefas.

Porém, é certo afirmar que nem toda pessoa usa o seu dinamismo para desenvolver melhor seu trabalho.

Contudo, todos nós podemos aprender a desenvolver melhor o nosso profissionalismo. E, para que isso ocorra, basta apenas que tenhamos a coragem de verificar nossos pontos fortes e usá-los a nosso favor.

Dinamizar é mover-se, é fazer as coisas acontecerem de uma forma mais prática e mais objetiva. É usar a nossa inteligência para fazer nossos trabalhos da melhor maneira possível.

Outro ponto importante a analisar na questão de ser uma pessoa dinâmica é observar o modo como profissionais de sucesso trabalham, como eles agem no dia a dia e como resolvem seus problemas habilidosamente.

Sempre em nossas palestras e cursos, gostamos de afirmar que toda pessoa que tem o hábito da leitura consegue desenvolver melhor o seu jeito dinâmico de ser. Afinal, existem inúmeros livros que abordam os mais variados assuntos, mostrando-nos experiências de outros profissionais, como eles aprenderam a lidar com os problemas e como usaram o seu dinamismo para alcançar o sucesso.

É essencial que todo profissional de qualidade aprenda cada dia mais a desenvolver toda dinâmica que existe em si, a fim de que seus trabalhos alcancem a excelência.

Lembro também que, quanto mais se aprende sobre a profissão que se exerce, mais facilidade a pessoa tem de ser habilidoso e dinâmico em seus trabalhos, conseguindo superar-se cada vez mais.

Capítulo 9

Tempo Profissional Vale Ouro. Use-o Bem

Reclamar de que não tem tempo já virou característica de todos os profissionais nos mais variados segmentos da sociedade moderna.

Não existe tempo suficiente para realizar os trabalhos do cotidiano, mas a questão primordial de muitos profissionais da nossa era é que falta um pouco mais de controle sobre suas atividades, falta muitas vezes organização e, em muitos casos, uma observação melhor no trabalho que se está desenvolvendo.

Se uma pessoa não consegue dominar o tempo de que dispõe para a realização dos seus afazeres, significa que alguma coisa está errada e que algo precisa ser urgentemente feito para mudar essa situação.

Existem pessoas que não são bombeiros, mas que só vivem apagando incêndio, ou seja, fazendo tudo às pressas, correndo o risco de fazer um trabalho malfeito e mal-acabado.

Para as pessoas que estão sempre atarefadas, é necessário que elas se organizem e descubram em que pontos importantes precisam ter mais atenção e quais os trabalhos que podem ser adiados ou até mesmo delegados, com o intuito de não querer abraçar o mundo todo de uma só vez. Afinal, todos nós somos seres humanos e precisamos ter prioridades em nossa vida pessoal e profissional.

Administrar bem o nosso próprio tempo é um ato de sabedoria e discernimento.

No entanto, para quem sempre teve e tem uma vida agitada, não vai ser de uma hora para outra que tudo vai mudar. Faz-se necessário, depois desta leitura, que aos poucos o seu tempo de trabalho seja aproveitado e dirigido da melhor maneira possível.

Capítulo 10

Aprenda a Liderar

Perceba quantas vezes você parou para observar a maneira de uma pessoa que coordena equipes e sabe liderar eficazmente. Você pensando com seus botões, disse a si mesmo: "eu queria ser assim!".

É bem verdade que os verdadeiros líderes não nascem com a estrela na testa como muita gente pensa, eles tiveram dificuldades que os impulsionaram a seguir em frente e se recusaram a desistir.

Você também pode começar a treinar para ser um líder, mesmo que exerça uma função que não lide diretamente com pessoas.

Mas é bom lembrar que podemos aprender a ser líder de maneiras diferentes, ou seja, toda e qualquer profissão necessita de ideias e de indivíduos que as coloquem em prática.

O líder é aquele que observa e que aprende na prática como implantar novas técnicas e como fazer para que elas sejam aplicadas em maior escala.

Para ser líder é necessário desempenhar bem o seu papel na empresa, é preciso também estar sempre pronto para aprender e para colaborar com os outros.

Um líder precisa ser comprometido o tempo todo com o crescimento da empresa, tem de entender todos os processos pelos quais ela necessita passar para continuar progredindo.

A dedicação é outro fator muito importante que a liderança exige.

Dedicar-se significa abrir mão de certas horas vagas e procurar investigar tudo aquilo que condiz com o aprendizado de uma liderança.

Uma das principais qualidades que um líder precisa ter é a criatividade, pois o verdadeiro líder tem de usar toda a sua capacidade de criação e saber enxergar nos mínimos detalhes onde algo necessita de inovação ou de mudança, fazendo do seu potencial criativo grandes oportunidades de crescimento profissional.

Para ser um verdadeiro líder é preciso também coragem e determinação.

Coragem para seguir em frente diante dos eventuais obstáculos. E determinação para não desistir quando os problemas parecerem insolúveis.

Diante do que você leu até aqui, procure saber por onde e como começar a treinar a sua capacidade de liderança.

Se você pretende seguir em frente em sua carreira profissional, mais cedo ou mais tarde, a sua capacidade de liderança será testada, então é bom começar desde já a assumir um papel de observador e seguir em frente.

E, se você já tem um cargo que exige liderança, aprenda cada dia mais a liderar com eficiência e com resultados cada vez mais satisfatórios.

Seja humilde e não se canse de aprender.

Seja forte e não desista de persuadir sempre que se fizer necessário.

Liderar é o ato de transformar projetos em resultados positivos e satisfatórios.

Capítulo 11

Interaja com Outros Setores

Quantas vezes você já ouviu ou mesmo disse que não faria determinado trabalho porque não era do seu setor ou que não era da sua responsabilidade?

E foi nesse exato momento que você perdeu uma grande chance de crescer e de mostrar outras habilidades suas.

Muitas vezes, ficamos ou vemos algum colega nosso de trabalho passar anos e anos no mesmo cargo que iniciou na empresa e não conseguir nenhuma nomeação para outras funções, por causa de sua acomodação e da sua própria falta de interesse e iniciativa, e essa mesma pessoa depois fica pelos cantos julgando a má sorte da sua vida, enquanto deveria se especializar mais e se ocupar em outras tarefas a fim de que seus superiores observassem melhor suas qualidades.

Ser um profissional autêntico é saber aceitar novos desafios, é a cada dia descobrir suas próprias habilidades.

É sentir que alcançar sucesso em sua profissão requer esforços extras.

Por isso, é preciso deixar a acomodação de lado e seguir determinado a conquistar novos horizontes em sua vida profissional.

Porém, se você não sabe por onde começar, aconselhamos a fazer uma pesquisa dentro do seu próprio ambiente de trabalho e descobrir onde suas habilidades podem ser mais bem aproveitadas.

Não tenha vergonha de pedir ajuda tampouco de fazer tarefas simples, pois muitas vezes descobrimos coisas novas em lugares que pensamos que não tínhamos nada para aprender.

Humildade é muito importante para quem deseja sempre estar aprendendo algo diferente, algo que o engrandeça profissionalmente.

Interagir com outros setores da empresa requer habilidades extras, mas, se no momento você não as têm, vá devagar e observe da melhor maneira possível os outros trabalhando, faça anotações, procure ler algo a respeito.

No mundo globalizado em que vivemos, cresce mais e melhor dentro da empresa aquele que está disposto a enfrentar desafios e com muita determinação seguir até o fim, sem jamais desistir diante dos atropelos.

Acredite que dentro de você existe uma força poderosa capaz de levá-lo a conquistar coisas antes inimagináveis.

Por isso, é importante interagir sempre com seus colegas de trabalho, eles são suas testemunhas oculares de todo seu esforço dentro da organização.

Mas, se você trabalha por conta própria, seus próprios clientes são seus observadores, por isso não os desaponte e faça sempre o melhor.

Não pare no tempo. Comece a mudar seus hábitos com muita disposição e segurança.

Afinal, o momento de inovar é agora e a hora é esta.

Capítulo 12

Administre Bem Sua Vida Pessoal

Na correria do mundo moderno, é cada vez mais comum os profissionais adoecerem por não cuidarem bem da saúde; alimentam-se mal, bebem e fumam em demasia e trabalham mais do que o corpo consegue aguentar, resultando em estresse e problemas de saúde nos mais variados casos.

Mas já está por demais provado que trabalhar muito não quer dizer obter melhores resultados.

Chegamos a uma era em que é preciso trabalhar bem e produzir da melhor maneira possível.

Todavia, é necessário não negligenciar a própria saúde. E também é notório que todo aquele que faz mais do que o corpo e a mente suportam, mais cedo ou mais tarde, terá problemas de saúde.

Você se perguntará:

– Como posso produzir mais, trabalhando menos?

Encontrando o equilíbrio. Mas é claro que cada profissão é um caso a se estudar separadamente.

Portanto, para um profissional autêntico e disposto a vencer limites, faz-se necessário reavaliar como anda seu tempo para o lazer, para o descanso e, acima de tudo, como anda seu tempo para arejar sua própria mente.

E, no mundo agitado em que vivemos, podemos notar que muitos profissionais tiram o final de semana longe do trabalho, mas perto de tudo aquilo que prejudica sua saúde. Exemplos disso são aqueles que praticam esportes ou exercícios físicos excessivamente, sem um acompanhamento médico, ou os que bebem além da conta; os que não aproveitam para descansar ouvindo uma boa música, e aqueles que levam trabalho para fazer em casa, achando que com isso poderão obter melhores resultados.

Agindo dessa maneira, o seu organismo começa a ser prejudicado e doenças psicossomáticas acabam se aproveitando dessa negligência.

Então, aconselhamos você a rever todos os seus atos profissionais e entender melhor o que está certo e o que está prejudicando a sua saúde física e mental.

Lembre-se de que se hoje você tem uma saúde de ferro, mesmo fazendo do seu corpo um escravo do trabalho; mais tarde poderá pagar um preço alto demais.

Por esses e outros motivos comece, desde já, a observar melhor como anda sua saúde e o que você pode fazer para prevenir doenças futuras.

Uma vez por ano, faça uma visita ao seu médico, mesmo que você não esteja sentindo nada de estranho com sua saúde.

Como diz o dito popular, prevenir é melhor do que remediar.

Pense nisso e respeite o seu limite, fazendo exercícios físicos moderados e se alimentando adequadamente, aumentando assim o seu desempenho profissional.

Capítulo 13

O Valor do Entusiasmo Profissional

É fácil notar que as pessoas que trabalham com entusiasmo rendem muito mais do que aqueles que apenas cumprem suas obrigações. O entusiasmo é a fonte criadora e motivacional do ser humano, principalmente nos tempos atuais. Por isso é imprescindível ao profissional que almeja sucesso cultivar em seu interior um entusiasmo vigorante, capaz de ajudá-lo a seguir em frente com mais objetividade e força transformadora.

A autoconfiança, por exemplo, faz com que o indivíduo sempre acredite no seu próprio potencial; afinal de contas, ter autoconfiança é saber aproveitar o seu poder de realização, fazendo cada vez mais e melhor.

Por isso é tão importante que o profissional saiba unir sua autoconfiança com o seu próprio entusiasmo, somando-se assim duas forças poderosas contra o desânimo e as tentações de desistência. É sempre bom lembrar que as pessoas que nutrem dentro de si essas duas importantes características levam uma enorme vantagem em conquistar o tão almejado sucesso profissional.

Infelizmente, nem todos conseguem manter-se o tempo todo sentindo-se confiantes em sua profissão e, em momentos de crise, ficam sem entusiasmo para seguir adiante. Mas estudos avançados comprovam que aquele que procura sempre enxergar os problemas do dia a dia com uma visão mais madura e mais ampla consegue dar a volta por cima com mais lucidez e força criadora, deixando que a sua experiência profissional o ajude a contornar as situações mais difíceis de forma dinâmica e objetiva.

Cabe ao profissional observar melhor tudo que acontece em sua volta, prevenindo-se de possíveis ataques de desânimo; isso porque, ao tentar conseguir objetivos mais difíceis, a tendência é enfrentar problemas mais complicados, e, quanto mais houver preparação e expectativa positiva, maiores serão as chances de sucesso.

"A ansiedade é causada por uma falta de controle, organização, preparação e ação."

David Kerich

Essa citação mostra-nos, de forma clara, quanto é importante ao profissional de hoje controlar a ansiedade; para isso, ele precisa ser organizado e estar sempre preparado para agir imediatamente com base em sua própria experiência de vida.

Perceba você quanto nos aproximamos do êxito profissional quando estamos mais dispostos a enfrentar os obstáculos de forma mais contundente e entusiasmada. Jamais podemos negar que há um problema a ser resolvido e um obstáculo a ser superado, ao contrário, sempre que se detecta algo que está dificultando o bom resultado de um trabalho, deve-se unir forças e buscar soluções viáveis para a concretização dele.

Concluindo este capítulo, incentivamos você a procurar manter o seu entusiasmo diante de todos os seus projetos de vida. Não falamos aqui somente do pensamento positivo em si, mas de uma força propulsora com que você possa contar sempre, principalmente nos momentos em que se sentir mais pressionado a realizar um novo projeto ou concluir um trabalho em andamento.

Capítulo 14

Comece com o Que Tem em Mãos

Como o mundo globalizado exige de todo profissional agilidade e competência, torna-se então necessário um treinamento constante para que o trabalho seja realizado da melhor maneira possível. E ter bons projetos a realizar e trabalhar com entusiasmo é um incentivo valioso para quem almeja sucesso.

Mas, infelizmente, muitos profissionais têm excelentes projetos engavetados há anos, e ficam sempre esperando o momento certo de agir e começar a colocar em prática suas ideias. Essa atitude de procrastinação pode fazer com que o indivíduo nunca consiga obter êxito, por pura insegurança ou por achar que não reúne dados suficientes para a realização do seu intento.

"O começo é metade de toda a ação": esse ditado grego mostra que é necessário coragem para enfrentar novos desafios e que o profissional que almeja sucesso em sua carreira precisa começar com o que tem disponível em mãos, pois, se ficar sempre esperando o momento certo, pode ser que esse momento nunca chegue e ele apenas veja o bonde da prosperidade passar diante da sua janela, levando todos aqueles que arriscaram e confiaram nos seus próprios talentos.

Está mais do que na hora de desengavetar todo projeto que você tem em mente. Faça valer a sua experiência, busque respostas para as suas próprias perguntas, não adie mais, pois o tempo favorável só existe para aqueles que sabem seguir em frente sem temer e sem se acovardar diante dos percalços da vida.

"Os ventos e as ondas estão sempre a favor dos mais hábeis navegadores."

David Kerich

E para se tornar um navegador de sucesso é necessário criar seus próprios caminhos. Não ficar esperando que os outros digam o que você tem a fazer.

Como diz o poeta: **"quem sabe faz a hora, não espera acontecer"**.

Então, meu caro amigo ou amiga, acorde agora mesmo e tenha a coragem necessária para tocar em frente aquele seu sonho de realização. E, se na empresa em que você trabalha não existe oportunidade de crescimento, abra seus olhos para o horizonte e comece a enxergar a vida por um novo ângulo. Agindo dessa maneira, suas chances de progresso serão bem maiores, mas insistimos: comece já com o que você tem em mãos, não espere mais.

Procure orientações de especialistas. Visite lugares e pessoas que possam colaborar com esse seu projeto e anote tudo que for possível. Seja categoricamente um profissional "curioso" e encontre as respostas para suas próprias perguntas.

Cada minuto é importante quando estamos a caminho da realização dos nossos próprios sonhos; por isso, nada de perder tempo com insegurança e medo.

A hora é esta, o momento é este.

E, se mesmo depois da leitura deste capítulo você ainda não se decidir a tocar seus projetos adiante, faça uma autoanálise e pergunte-se o que está impedindo-o de dar o primeiro passo e o que falta para você ter a coragem suficiente de realizar um sonho. Fazendo-se essas perguntas, sua mente mostrará novos caminhos a seguir; as dificuldades aparentes podem ser menores do que você imagina.

É bom não esquecer que para construir uma casa é preciso que se coloque o primeiro tijolo e depois outro, depois mais um, até que o sonho se concretize.

Se você ainda não tem um projeto profissional em sua vida, será que não é chegado o momento de criá-lo e seguir com muita determinação para a execução dele? Pense nisso.

Capítulo 15

Palavra de Ordem: Profissionalismo!

Para sobreviver no mundo globalizado, ser um profissional qualificado é de vital importância; afinal, estamos o tempo inteiro sendo bombardeados por mudanças radicais. Daí, precisamos adaptar-nos a essas mudanças ou seremos excluídos do mercado de trabalho.

Antes de mais nada, é preciso compreender que profissionalismo é agir **com responsabilidade e empenho para atingir a qualidade máxima**. Então não podemos mais nos acomodar nem esperar a poeira baixar, porque na certa ela só irá aumentar, obrigando-nos a enxergar o mercado profissional com os olhos da experiência.

Por isso temos de fazer a coisa certa, levar o nosso trabalho a sério; precisamos também nos aprimorar, ou seja, buscar a melhora, a inovação, além do aumento da qualidade do nosso próprio desempenho.

Sempre é bom lembrar que profissionalismo também é acreditar em nossos próprios méritos, é rejeitar manobras e truques.

Por essas razões, precisamos assumir, de uma vez por todas, a nossa responsabilidade profissional, investindo de forma sistemática em nossa própria evolução.

Capítulo 16

Evite o Comodismo

O passado de muitos profissionais deveria servir como trampolim, só que muitos o usam como sofá e se acomodam. Agindo dessa maneira, falta a devida motivação para perseguir seus objetivos, seus sonhos.

Realizar negócios ou tarefas de forma tradicional já não é mais uma estratégia para o sucesso.

A hora é de arriscar mais, de inovar e de comprometer-se com muita paixão pelo trabalho que precisa ser feito, e benfeito.

A superação dos limites precisa ser encarada com muita responsabilidade, disciplina, objetividade e clareza. Afinal de contas, o que o profissional moderno mais precisa é de coragem para estar sempre inovando, sempre acreditando em um futuro melhor e mais dinâmico.

Hoje, já não existe mais espaço para frases do tipo: *"Vou dar uma pensada nesse assunto"; "Vou deixar para decidir outro dia"*; pois, quando se adia uma solução viável para toda e qualquer inovação, com certeza outras pessoas tomarão atitudes mais rápidas e mais acertadas, e será tarde demais!

De uma vez por todas, é preciso deixar a acomodação de lado e navegar com muita convicção em novos mares; isso porque estamos em pleno século XXI, em que as oportunidades só serão enxergadas por aqueles que não se acovardarem e que estiverem dispostos a seguir uma trilha nova, até mesmo desconhecida, mas que, certamente, trará novos benefícios profissionais e pessoais a todo aquele que não desistir da jornada.

Capítulo 17

Pense e Aja de Forma Inovadora

Antigamente, as pessoas que tinham grandes ideias eram tidas como irreverentes e que não mereciam muita confiança; eram verdadeiramente discriminadas. A prova disso é que grandes gênios foram amarrados em camisas de forças, só porque desafiaram o mundo com suas pesquisas e com sua coragem de inovação.

Graças a Deus, esse tempo passou e, hoje, ao contrário do passado, as pessoas que têm coragem de gerar e colocar ideias em ação são ovacionadas e conseguem com essa atitude contribuir significativamente para a evolução da humanidade. Mas é bom lembrar que não só as grandes inovações têm o poder de transformar, ou seja, no nosso próprio ambiente de trabalho podemos construir novas ideias e contribuir para que a empresa possa prosperar de forma mais harmônica e evolutiva.

Aqui vão algumas sugestões do escritor John O´Keeffe – vice-presidente do grupo internacional Procter & Gamble –, para que você possa maximizar e utilizar suas ideias:

1. **Pense de maneira inovadora.**
2. **Livre-se dos limites ao estabelecer suas metas.**
3. **Pense no assunto que você está atacando de maneira mais abrangente possível.**

4. Abandone o raciocínio mecânico para ter ideias criativas.
5. Arrisque-se a sair dos limites.

Enfim, torne-se eficiente e eficaz
por meio da superação de seus próprios limites.

Capítulo 18

Aprenda a Gerenciar

Uma das tarefas mais difíceis do atual mercado de trabalho é ter de gerenciar equipes, pois, como sabemos, cada ser humano tem uma postura diferente no seu ambiente de trabalho; cada um tem sua maneira de pensar e de agir; e todo aquele que lidera uma equipe tem de usar toda a sua habilidade emocional e profissional para manter os liderados motivados e produtivos.

Uma das maiores preocupações das organizações atuais é a plena satisfação do cliente, ou seja, a empresa tem de apresentar produtos e serviços com um alto índice de qualidade.

Por esses fatores, os gerentes ou líderes de equipes precisam estar sempre se reciclando e incentivando seus membros a fazerem o mesmo. Um gerente de alta *performance* precisa: estabelecer novas metas, priorizar a atenção do grupo para que o trabalho seja concluído com êxito, implementar melhorias na qualidade de atendimento e, principalmente, manter a equipe unida e com um canal aberto para troca de ideias e questionamentos.

Lembramos também que, como o mercado está em plena evolução e tudo muda o tempo todo, os líderes de equipes, na área comercial, industrial, ou mesmo na área educacional, precisam manter a mente focada para o novo, assumindo a responsabilidade de transmitir uma visão motivadora e desafiadora a toda sua equipe de trabalho.

Capítulo 19

Enfrente o Medo de Vencer

É grande a lista dos profissionais que não obtiveram êxito em suas carreiras, simplesmente porque não conseguiram dominar o medo de dar mais um passo à frente, de arriscar mais, de fazer valer seus conhecimentos e suas habilidades.

**Nos tempos atuais, saber vencer esse mal
é mais do que necessário, é primordial,
para que etapas de trabalho sejam concluídas com sucesso.**

O receio da crítica, o apego a velhas estruturas de pensamento e a antigos paradigmas apenas deixam o profissional sem forças para agir, sem ânimo para seguir adiante.

Analisando de forma sistemática e livre de todo e qualquer preconceito, o profissional precisa:

1. **Descobrir os medos que o afetam mais.**
2. **Analisar se, em função do medo, está deixando de realizar seus trabalhos de uma forma melhor e mais equilibrada.**
3. **Apagar algumas crenças negativas, como "eu não posso", "eu não consigo".**
4. **Arriscar-se em projetos mais audaciosos, desenvolvendo, assim, sua capacidade interior de não recear com a possibilidade do insucesso.**

Essas são apenas algumas dicas que o profissional precisa usar para agir com mais segurança e mais determinação, pois a responsabilidade do seu sucesso profissional depende da coragem com que enfrenta os obstáculos e de como monta suas estratégias de sucesso.

Jamais duvide do seu poder interior de decisão, assuma o comando da sua própria vida e use todo o seu talento para Vencer Sempre!

Capítulo 20

Comunique-se com Segurança

Seja qual for a nossa profissão, precisamos nos comunicar de maneira clara e concisa para que a nossa mensagem seja bem recebida pelo nosso interlocutor.

Não há necessidade de falarmos palavras bonitas e encantadoras para conseguirmos o que desejamos dos nossos parceiros comerciais. O que, realmente, importa é o interesse verdadeiro pela pessoa com a qual estamos tentando fazer negócio, pois tudo, hoje em dia, é resolvido por meio de negociação.

Então, quem usar a comunicação de forma transparente e objetiva terá maiores chances de obter sucesso na sua carreira profissional.

Seguem algumas dicas muito interessantes do renomado escritor Dale Carnegie, autor do livro *Como Fazer Amizade e Influenciar Pessoas no Mundo dos Negócios*, o qual sugiro que você, leitor, leia com toda a atenção:

- Torne-se verdadeiramente interessado na pessoa com quem estiver conversando.
- Sorria e mantenha o bom humor sempre.
- Chame a pessoa pelo nome.
- Seja um excelente ouvinte.
- Faça a outra pessoa sentir-se importante.

No meu livro *Comunicação Pessoal & Organizacional*, que escrevi com o amigo Célio Costa, você encontra outras dicas.

Capítulo 21

Aprenda Tudo Que Puder com Treinamentos e Capacitações

Tornar-se uma pessoa mais bem preparada no mercado de trabalho é mais do que um dever, é uma necessidade; isso porque, com a chegada da tecnologia e da plena era da globalização, tudo muda a todo tempo e nada mais será igual ao que era antes.

A qualidade no atendimento e a qualidade do produto ou serviço prestado estão obrigando o profissional de hoje a voltar à sala de aula para aprender novas maneiras de suprir suas próprias necessidades. Mas a boa notícia é que não faltam cursos de aperfeiçoamento profissional que, de forma dinâmica, conseguem capacitar e motivar todo aquele que tem disposição para estar sempre se reciclando e aprendendo algo novo.

É somente por intermédio de cursos e seminários que o profissional pode aprender:

- Adaptar-se às mudanças no mercado de trabalho.
- Relacionar-se melhor com clientes, chefes e colegas de trabalho.
- Melhorar seu próprio desenvolvimento profissional.
- Adquirir novas formas de pensar e agir.
- Ser uma pessoa com mais iniciativa.

Então não perca tempo, a hora de investir no seu próprio talento é agora, acredite. Você pode realizar muito mais do que já conseguiu até aqui.

Capítulo 22

Preste Atenção aos Detalhes que o Levam ao Sucesso

Não é nenhuma novidade para nós que estão nos detalhes do nosso dia a dia profissional as chances de obtermos sucesso em nossa carreira.

Infelizmente, muita gente não acredita nisso nem aceita fazer tarefas que não sejam da sua sessão, da sua responsabilidade. Outras somente querem saber dos seus direitos – não dos seus deveres –, já outras apenas se lamentam e nada fazem de diferente.

Essas pessoas é o que eu posso chamar de **"profissionais aposentados"** antes do tempo.

Quem age assim, aqui vai uma boa informação: ainda há tempo de mudar, de acreditar no amanhã; basta assumir hoje as responsabilidades da sua vida profissional.

O momento é este, é chegada a hora da virada.

Siga as orientações a seguir e transforme sua vida para melhor, obtendo mais sucesso e mais prosperidade:

1. **Coloque suas metas no papel**: assim você terá uma clareza melhor dos passos que precisa dar rumo aos seus objetivos.
2. **Socialize-se mais**: participe de eventos, feiras, congressos, palestras e cursos. Essa é uma atitude de cuidado com seus conhecimentos.

3. **Arrisque-se mais**: não fuja dos problemas inesperados, eles são sua chance de se destacar na multidão.
4. **Colabore com seus colegas**: seja uma pessoa de fácil acesso. Não vista a camisa do "estou sempre ocupado", seja cordial.
5. **Aprenda com seus erros**: faça sempre uma autoanálise e corrija o que de fato precisa ser melhorado, principalmente na sua maneira de pensar e agir.
6. **Seja organizado**: quem se organiza aproveita melhor o tempo.
7. **Preste atenção aos detalhes**: trabalhos que parecem ser insignificantes são oportunidades de crescimento.

Capítulo 23

Não Deixe Sua Carreira Estagnar

Sabemos que hoje em dia não existem mais empregos seguros nem trabalho autônomo que garantam sucesso e prosperidade sem sofrer abalos.

Observando que o mercado globalizado exige profissionais qualificados e, principalmente, que tenham visão de futuro, não há mais espaço para a acomodação. O momento agora é de não deixar a própria carreira estagnar. É preciso ter coragem e muita, mas muita disposição para trilhar novos caminhos sem esmorecer nem temer, apesar de o medo fazer parte da vida de todo aquele que almeja algo novo, algo que possa ajudá-lo a mudar de vida.

Por isso, é muito importante que o profissional moderno assuma uma postura menos passiva e mais agressiva em relação ao mercado.

O indivíduo que deseja sucesso não pode mais se aposentar no cargo que acabou de assumir; é necessário estar sempre inovando, arriscando, criando fôlego para não perder de vista seus objetivos profissionais.

É importante também não vacilar e abraçar as novas oportunidades com segurança e com determinação, bem como não recusar trabalhos inusitados, principalmente aqueles que não se tem muito apreço para realizá-los.

Enfim, participe o máximo que puder de **encontros sociais, palestras, cursos,** *workshops*, **feiras promocionais, grupos de leitura, viagens a negócios**; mexa-se e assuma o comando da sua carreira e tenha sucesso sempre, pois você nasceu para ser **vencedor** ou **vencedora**.

Capítulo 24

O Processo de *Coaching* Pode Ajudá-lo em Sua Trajetória Profissional

"*Coaching* é uma ferramenta que desperta a consciência, direciona energia para suas opções, gerando mudanças comportamentais e produzindo resultados positivos!"
                                    Kátia Luzia Lima Ferreira

Sabemos que ninguém consegue ir mais longe sozinho; em tudo que realizamos na nossa vida precisamos do apoio, do incentivo, da orientação de outras pessoas.

E é justamente aí que entra o processo de *coaching*, no qual as pessoas têm uma orientação profissional e bem dosada para alcançar suas metas.

Portanto, é de suma importância que você, ao perceber que precisa avançar mais na sua vida como um todo, procure a ajuda de um *coach* profissional para que ele siga com você rumo aos seus objetivos mais ousados. Mas saiba que ele não irá responder às suas indagações, ao contrário, far-lhe-á perguntas com o intuito de despertar em você as respostas de que precisa para continuar trilhando o seu próprio caminho do sucesso.

Também, nessa nova etapa da sua vida, no processo de *coaching* você sentirá uma vontade enorme de caminhar com muito mais determinação para fazer sua vida pessoal, profissional, financeira, social e espiritual valer a pena.

Você só vai precisar de fato de muita disciplina e força de vontade para permanecer firme no seu plano de voo traçado por si mesmo com o seu *coach*, pois na vida os "milagres" acontecem para quem se prepara para recebê-los.

Portanto, mãos à obra e comece agora a viver a vida que você sempre sonhou. Torço muito por você.

Capítulo 25

Mire nos Objetivos e Não nos Obstáculos

O mundo moderno está sempre nos desafiando, de modo especial quando temos um objetivo em mente.

O segredo é focarmos naquilo que desejamos alcançar, não nos obstáculos que temos pela frente.

Você pode estar se perguntando:

– Isso eu sei, mas o que posso fazer?

Aqui vão algumas dicas importantes para você não esmorecer quando os desafios parecerem intransponíveis:

➢ Desenvolva cada dia mais sua autoconfiança, pois é fundamental você conhecer suas forças interiores.

➢ Tome a iniciativa sempre, não espere o dia ideal para começar a agir, pois esse dia nunca chega.

➢ Alimente sua imaginação com pensamentos altamente positivos.

➢ Faça da autodisciplina uma aliada na sua jornada diária.

➢ Concentre seus esforços no que realmente precisa ser feito.

➢ Tenha foco sempre, não perca de vista aquilo que o leva a atingir seus objetivos.

➢ Elabore um plano para seguir com uma determinação fora do comum.

- Use toda sua energia emocional da melhor forma possível e assuma a responsabilidade por suas ações.
- E, durante a caminhada, vá comemorando e agradecendo cada etapa vencida.

Essas são dicas simples e bem objetivas para você ir avançando cada dia mais para a conquista dos seus sonhos mais ousados.

Lembre-se também: faça tudo com muito amor e dedicação extra, pois só assim suas metas serão alcançadas com mais alegria de ser. E você sabe mais do que ninguém que merece fazer a si mesmo feliz, certo?

Capítulo 26

Quando Algo Não Estiver Dando Certo, Reveja Alguns Pontos

Durante toda a carreira profissional, as pessoas passam por inúmeras situações, desde a mudança de setor até a troca de emprego, e em cada etapa dessas mudanças é preciso tirar uma lição tanto das coisas boas como daquelas que não foram tão boas assim.

Porém, no que se refere ao crescimento profissional, é preciso manter sempre uma mente aberta para aprender coisas novas diante dos inúmeros acontecimentos; é necessário enxergar certas situações com os olhos da experiência, afinal de contas todo profissional sempre passa por reveses que não gostaria de ter passado, mas é justamente aí que se pode crescer profissionalmente, pois cada problema traz em si a semente da sabedoria.

No mundo de hoje em que o profissional é cada vez mais exigido, é necessário estar sempre concatenado com as mudanças repentinas do mercado de trabalho e, para manter-se atualizado, faz-se preciso enriquecer cada dia mais o seu currículo com novos cursos, novas graduações, novas experiências, pois como se sabe a exigência por profissionais qualificados é uma norma no cenário mundial, no qual tem destaque o profissional que busca fazer a diferença, que mostra para o que veio.

No processo de *coaching*, por exemplo, as pessoas conseguem por intermédio de perguntas poderosas se redescobrir em cada momento da sua vida, estimulando sempre novas metas para ir em busca do degrau mais alto do pódio da sua carreira; que nos perdoem os acomodados de plantão, mas eles não terão mais vez neste mundo altamente competitivo e complexo onde o Sol vai brilhar para quem souber aproveitar as oportunidades que vai oferecer.

Portanto, é sempre preciso saber o que se quer e ir em busca com toda determinação e foco para não perder a chance de ser um profissional realizado.

Pense nisso e comprometa-se com o seu sucesso profissional cada dia mais.

Capítulo 27

Use Bem Seu Tempo para Obter Melhores Resultados

Chega a ser impressionante o número de profissionais que reclamam que não têm tempo necessário para dar conta dos seus afazeres diários.

É um tal de corre daqui para lá e de lá para cá, e o tempo vai escorrendo entre seus compromissos que, diga-se de passagem, não são poucos.

Mas sempre afirmo em minhas palestras e *workshops* que o tempo não perdoa, sempre avança, com sua autorização ou não, e que, em vez de controlar o tempo, o melhor mesmo é administrar aquilo que você precisa fazer.

A seguir, algumas dicas quentes para você ter mais tempo para sua vida pessoal e profissional:

1. Procure dormir mais cedo, pelo menos meia hora do que costuma, e prepare sua agenda para o dia seguinte.
2. Acorde meia hora antes do normal, para não precisar sair correndo.
3. Tome seu café da manhã com calma.
4. Ao sair para o trabalho, olhe cuidadosamente as anotações da sua agenda e, quando chegar ao trabalho, comece a agir imediatamente.

5. Evite logo cedo abrir seu *e-mail* e também dar uma "olhadinha" nas suas redes sociais, pois eles são "ladrões" de tempo.
6. Veja o que tem de mais importante para resolver logo cedo, seja um telefonema para um cliente ou mesmo preparar um relatório que você vinha adiando fazer.
7. E, durante todo o dia, lembre-se de estar com sua agenda sempre por perto para você ir riscando cada tarefa realizada, isso dá uma sensação maravilhosa de dever cumprido.

Aqui vai uma dica especial: escolha o dia da semana para você realizar aquelas tarefas que está sempre adiando; agindo assim, terá todo foco de que precisa para não deixar pendências que ficam sempre "latejando" na sua cabeça.

Lembre-se sempre: se você se organizar, encontrará de fato tempo para realizar suas tarefas com calma e assertividade diariamente.

Capítulo 28

Use Bem as Emoções para Alavancar Seu Sucesso

No nosso dia a dia somos tomados de emoções o tempo inteiro, as quais vão desde as negativas até as positivas, e ambas, se bem usadas, poderão nos ajudar a obter mais sucesso.
Você pode estar se perguntando:
– Emoções negativas podem me ajudar a ter sucesso?
A resposta é:
Depende.
Depende de que maneira você encara os desafios diários e de como lida com as emoções que invadem sua mente, pois, sempre que estamos em ação rumo à realização de um projeto, ansiedade, medo, angústia, entre outras sensações, invadem nossa mente. Saber controlar cada uma dessas emoções pode fazer toda a diferença.
O primeiro passo é perceber que essas emoções "negativas" estão tentando de alguma forma atrapalhar nosso desempenho; é nesse momento que o "vírus" da insegurança se instala e isso pode prejudicar, e muito, as ações que precisamos tomar para a concretização dos nossos sonhos.
O ideal é ficarmos atentos para esses tipos de emoções negativas e, quando percebermos a presença delas, não devemos nos apavorar e, aos poucos, podemos ir trocando cada emoção prejudicial aos nossos planos por emoções de tranquilidade, paz, segurança e proatividade. À medida que vamos tomando atitudes assertivas, uma

sensação de coragem também toma conta do nosso ser, é o que podemos chamar de "amadurecimento" profissional, ou seja, essa é a melhor maneira de encararmos os desafios com muito mais determinação.

É bom lembrar que omitir para nós mesmos que estamos inseguros quanto ao sucesso que desejamos obter pode nos prejudicar ainda mais, o certo realmente é assumirmos que estamos sendo invadidos por emoções negativas e, com muita cautela e determinação, avançarmos com toda a nossa experiência adquirida com o tempo.

Pensar em desistir, jamais.

Avançar sempre com as emoções mais positivas que temos no nosso interior: essa é uma atitude absolutamente sensata para quem deseja ir bem mais longe e ver seus sonhos se realizarem.

Capítulo 29

Lembre-se: Obter Sucesso Dói Muito

Mundo globalizado, competição acirrada, busca de novas informações sempre: esses são os ingredientes de um grande desafio chamado Sucesso, e para obter uma fatia desse bolo nunca doeu tanto, como diz o amigo Rogério Caldas, escritor e palestrante.

Fazer sucesso é algo, para muitos, muito penoso, pois exige do profissional que deseja alcançar o degrau mais alto do pódio bastante:

Dedicação;
Preparo emocional;
Desenvolvimento intelectual;
Relacionamentos saudáveis;
Busca de parcerias.

Saber aproveitar cada "derrota temporária" ajuda, e muito, o indivíduo a seguir em frente, mesmo com pequenos atropelos no seu dia a dia, pois ficar se lamentando e se sentindo a pior pessoa do mundo não é uma atitude válida.

É preciso também que o indivíduo saiba ser humilde e busque aprender com quem já chegou lá, tanto observando suas atitudes, como convivendo com essa pessoa quando isso for possível; é o que muitos chamam de ter um Mentor por perto, pois ele tem prazer em ajudar quem está disposto a pagar o preço do sucesso.

Sem contar que passar por um processo de *coaching* pode ajudar ainda mais a diminuir essa "dor" que insiste em nos acompanhar durante todo o processo de crescimento profissional.

Portanto, caro amigo, se você está se identificando com este texto e se sente um pouco perdido, não se preocupe, sempre é hora de se "achar" e tomar as rédeas da sua vida pessoal e profissional. Afinal de contas, você está no mundo para fazer o seu melhor, não é mesmo?

Nada de pensar em desistir nem de achar que tudo está perdido. Vamos, mexa-se. Procure ajuda. Deixe a zona de conforto e comece a ousar como jamais você fez na sua vida. O momento é este. A hora é esta.

E lembre-se: tudo vai depender do seu esforço e da sua habilidade de vencer os desafios mais difíceis que encontrar, afinal você pode ir muito mais longe.

Acredite Sempre!

Capítulo 30

Avalie Sempre Como Anda Seu Crescimento Profissional

Nos últimos tempos, o profissional moderno vem passando pela maior pressão jamais vista na história do mundo corporativo, e como reclamar não vai resolver os seus problemas, o melhor mesmo é saber vencer os obstáculos diariamente com muita disciplina e ficar de olho nas mudanças bruscas que vão acontecendo todos os dias.

Por isso é importante o profissional saber como está o seu rendimento no momento atual e o que precisa melhorar.

Precisa também ter senso de realização, ou seja, saber que precisa fazer mais em menos tempo e com melhores resultados.

Deve assumir toda e qualquer responsabilidade por sua ascensão profissional, procurando manter-se ativo, o que na prática inclui fazer novos cursos de aperfeiçoamento, bem como estar sempre interessado por diversas leituras de livros e *e-books* que possam somar no seu autodesenvolvimento pessoal e profissional.

Também sentir-se desafiado, pois só assim usará toda sua energia interior e sua experiência para avançar sempre mais, jamais pensando em desistir.

E, claro, manter o seu controle emocional e sua ansiedade dentro de limites apropriados, pois, quando o descontrole emocional e a ansiedade negativa se juntam, o profissional não consegue produzir bem, o que acarreta inúmeros problemas.

Sabemos que não é fácil crescer profissionalmente em um mundo altamente complexo e competitivo, mas para quem se prepara e sabe usar a ousadia na medida certa o sucesso sempre vem.

Acreditar é a palavra-chave para quem deseja melhorar cada vez mais, buscando sempre os melhores resultados.

O mundo corporativo pertence a quem se prepara, a quem sonha alto e a quem jamais desiste.

Capítulo 31

Tenha Sempre Foco e Autoconfiança

Saber o que se quer realmente na vida profissional é um desafio enorme para que a pessoa possa se preparar bem para atingir seus objetivos mais ousados.

Por isso é importante ter foco, pois quem não o tem se perde facilmente e acaba mudando de objetivo a todo momento.

O foco ajuda a caminharmos com um propósito mais seguro do que se quer alcançar.

Outra importante característica é desenvolver cada dia mais a autoconfiança, pois ela servirá como combustível para não desistirmos quando os obstáculos forem surgindo.

Um profissional com a autoconfiança bem desenvolvida sai na frente daqueles que temem tudo e desistem diante do primeiro obstáculo.

A autoconfiança é uma energia extra que nos impulsiona para a frente, que nos fortalece a cada dia. Serve como trampolim para nos levar bem mais longe nos nossos projetos.

Observe bem que grandes esportistas conseguiram resultados fantásticos mesmo diante de situações de extrema tensão, porque cultivaram sua autoconfiança.

Unir Foco e Autoconfiança é saber o que se quer e ter forças suficientes para seguir muito bem determinado em suas metas. É conhecer o que se deseja e usar toda sua força interior para alcançar o tão almejado sucesso.

E você, tem tido Foco nas suas ações diárias?

Tem usado sua Autoconfiança para ir bem mais longe?

Capítulo 32

Transforme Desejos em Metas

"O futuro não é um lugar para onde estamos indo, mas um lugar que estamos criando."

John Schaar

Querer ser feliz profissionalmente, todo mundo quer. Querer ser bem-sucedido também. Mas transformar Desejos em Metas é para quem se determina a conquistar seus sonhos mais ousados.

No mundo altamente complexo e competitivo, sai na frente quem sabe transformar Desejos em Metas.

E como fazer isso na prática?

1. Primeiro, analisar bem o que se deseja alcançar na vida pessoal e profissional.
2. Depois fazer um planejamento detalhado dos passos que precisam ser dados.
3. Em seguida, buscar as principais informações a respeito da sua profissão e avançar sempre mais.
4. Inspirar-se em pessoas de sucesso, elas têm muito a ensinar.
5. Participar de um processo de *coaching* também vai ajudar bastante nessa caminhada para manter-se firme e focado nos resultados almejados.
6. Sempre que possível, participar também de novos *workshops* que venham somar na sua trajetória.

7. Conversar com pessoas de sucesso é outra atitude positiva para fortalecer sua própria autoestima.
8. Investir forte no seu autoconhecimento para ser uma pessoa mais autodeterminada.

Essas são dicas absolutamente simples e diretas para quem deseja ser uma pessoa feliz e realizada em sua vida, mas isso não significa que vai ser fácil. Mas ajudará bastante no caminhar daqueles que se recusam a desistir diante dos obstáculos encontrados.

O mundo pertence a quem sabe se fortalecer cada dia mais, sem lamentações e com uma força interior capaz de vencer os maiores desafios.

Força e fé sempre.

Capítulo 33

Use Bem o Marketing Pessoal para Obter Reconhecimento Profissional

Seja qual for a profissão que você exerça, sem a prática do Marketing Pessoal fica difícil ser reconhecido e lembrado em um mundo altamente competitivo; é aquela máxima que diz: "Não basta ser competente, é preciso ser conhecido".

Seja você corretor, advogado, consultor, arquiteto, *personal trainer*, profissional da saúde – médico, dentista, terapeuta –, empresário, gerente, educador, é imprescindível que esteja sempre praticando a ação do Marketing Pessoal para conseguir manter e conquistar novos clientes.

Relaciono a seguir algumas ações bem práticas para você elaborar uma campanha de Marketing Pessoal para ser a primeira opção dos seus contatos:

1. Elabore um excelente Cartão de Visita e imprima em uma gráfica profissional, nada de imprimir de forma amadora na sua impressora caseira.
2. Se achar conveniente elabore um fôlder profissional que contenha uma divulgação bem interessante dos seus serviços/produtos para seu possível cliente. Nesse fôlder coloque informações práticas que chamem a atenção, como seu currículo

ou a história da sua empresa, acrescente o seu endereço, bem como seu endereço eletrônico: *e-mail*, páginas nas redes sociais e o seu *site*, se você tiver um. Envie para o seu público--alvo. Detalhe: a qualidade da arte e do papel a ser utilizado é de suma importância.

3. Envie seu material de divulgação para a imprensa em geral com uma carta explicativa e se coloque à disposição para possíveis entrevistas sobre a área em que você atua.
4. Participe de congressos para se atualizar e aprender um pouco mais.
5. Também é importante participar de feiras de negócios nas quais seu público está para apresentar seus produtos/serviços.
6. Vista-se bem, fale com segurança e assuma tudo aquilo que você prometeu a algum contato, pois, na medida em que prometeu algo, o seu nome profissional está em jogo.

No meu livro *60 Dicas para um Marketing Pessoal Eficiente*, Qualitymark Editora, você encontra outras dicas importantes.

Capítulo 34

Procure Ajuda de um *Coach*

Ultimamente encontramos em livros, na internet, em revistas especializadas e em cursos de MBA, assuntos relacionados ao trabalho de *coach*, que na língua inglesa significa o técnico em modalidades esportivas.

No mundo corporativo, o *coach* tem a mesma conotação de um técnico, que é de orientar, facilitar e motivar.

Segundo o livro *Coaching Prático: o Caminho para o Sucesso*, da Qualitymark Editora, o qual recomendo a leitura, os autores Paul Campell e Monique Cosendey nos dizem que, no contexto de desenvolvimento humano, *coach* se refere ao profissional que utiliza de técnicas e de seu conhecimento pessoal para ajudar o cliente a atingir suas metas e obter aquilo a que se propõe.

Mas, na prática, quando um profissional ou empresa necessita da orientação de um *coach*?

- ✓ **Quando há necessidade clara de mudança.**
- ✓ **Quando os desafios parecem ser intransponíveis.**
- ✓ **Quando a insegurança se instala, tirando a motivação do indivíduo ou dos colaboradores de uma empresa.**

Essas são apenas algumas razões para se contratar um *coach*, porém muitas outras podem trazer em si motivo importantes para que o profissional ou empresa passe por um processo de *coaching*.

Para tanto, é preciso escolher bem o profissional de *coach* para que não se jogue dinheiro fora em sua contratação.

Um excelente *coach* precisa:

➢ Ser motivado e transmitir sua energia positiva para o cliente;
➢ Ser ético para guardar todas as informações recebidas durante o processo de *coaching*;
➢ Ser um agente de mudança;
➢ Ser persistente e incentivador do cliente nos casos mais delicados;
➢ Ser um extraordinário observador em todos os detalhes que lhe chegam às mãos.

Se você amigo(a) leitor(a) lendo este texto se interessou em buscar ajuda de um *coach*, procure escolher bem esse profissional que, com certeza, pode auxiliá-lo bastante na sua caminhada rumo ao sucesso pessoal e profissional, mas lembre-se de estar disposto também para fazer as mudanças necessárias para ter uma vida mais próspera no sentido pleno da palavra.

Capítulo 35

Faça da Leitura um Hábito

> "A leitura nutre a inteligência."
> **Sêneca**

Quando criança, eu via meu saudoso e querido pai, Sr. Queiroz, lendo o fim de semana inteiro, entre jornais, revistas e livros, e me perguntava:

– Como ele consegue passar tanto tempo lendo?

Hoje atuando como consultor, palestrante, *coach* e autor de vários livros, vejo quanto a leitura pode nos ajudar a irmos bem mais longe, pois só por meio do hábito da leitura podemos descobrir o mundo, avançar na nossa profissão, entender melhor como as coisas funcionam.

Na realidade, quem quer avançar precisa, sim, desse hábito tão saboroso que é ler, afinal de contas o mundo globalizado está nos impondo a cada dia aprendermos a ser mais competitivos, caso contrário, vamos ficando ultrapassados rapidamente.

Acredito verdadeiramente que somente por intermédio da leitura vamos adquirindo mais conhecimento e fortalecemos, assim, o nosso cabedal de competitividade.

Quem lê aprende mais, sabe, entende, descobre mais e produz muito do que aqueles que pararam no tempo e que acham que sabem de tudo.

Portanto, se você, leitor, ainda não desenvolveu o hábito saudável da leitura, saiba que ainda é tempo de ser um leitor assíduo; procure livros, *e-books*, apostilas, etc. que despertem em você o doce sabor de aprender sempre, sempre mais.

O mundo aplaude de pé todo aquele que deseja se atualizar constantemente e de várias formas. Tenho certeza de que você deseja ser um profissional de sucesso, não é mesmo?

Desejo boas novas leituras para você.

Capítulo 36

Como Produzir Mais em Menos Tempo e com Mais Qualidade?

A pressão dos tempos atuais é algo que a maioria das pessoas se queixa no dia a dia.

Mas por que será que tem pessoas que conseguem trabalhar e produzir bem sem viver estressada?

Essa não é uma pergunta fácil de se responder, mas podemos observar algumas características das pessoas que conseguem trabalhar de uma forma mais produtiva, como por exemplo:

Elas mantêm a mente positiva em tudo que realizam.

Elas não perdem tempo com distrações sem sentido.

Têm uma agenda de compromissos atualizada.

Cumpre suas obrigações no prazo.

Não vivem reclamando da vida e de todos.

São pessoas organizadas.

São profissionais interessados e motivados.

Não negligenciam a saúde.

E evitam conviver com pessoas que apenas se lamentam da vida e do trabalho.

Para produzir mais e melhor e com mais qualidade é preciso que a pessoa esteja por inteira interessada na profissão que exerce, caso contrário, vai apenas trabalhar por trabalhar, esperando receber o salário no fim do mês, e o resultado é uma frustração do mundo.

Já uma pessoa altamente responsável pelos seus afazeres diários consegue produzir muito mais do que lhe é confiado, e isso não é mágica é comprometimento.

Portanto, se você nesse momento não está conseguindo produzir com mais qualidade no seu trabalho, procure conversar com pessoas mais experientes para trocar algumas ideias que lhe ajude a tomar medidas importantes de mudança de comportamento.
Também leia livros sobre Produtividade, com certeza eles também servirão como bússola para seus novos passos.

Afinal de contas, trabalha bem quem bem se organiza.

Capítulo 37

Lembre-se: Autoanálise de Vez em Quando Faz Bem

Uma verdadeira autoanálise profissional leva o indivíduo a perceber erros que no dia a dia são cometidos e, muitas vezes, não são percebidos, embaraçando assim o andamento de sua carreira.

Essa análise interior, profissionalmente falando, precisa ser feita de maneira imparcial para que os resultados positivos tenham um efeito melhor e mais completo.

Nesse momento de intimidade consigo mesmo, devem-se levar em conta também as opiniões dos outros, principalmente das pessoas mais experientes e que, de alguma forma, possam colaborar com nosso crescimento profissional. É sabido que, muitas vezes, cometemos erros e ao longo dos anos não percebemos, mas pessoas ao nosso redor notam esses descuidos. Daí nasce a necessidade de ouvi-las e refletir o que de fato precisa ser mudado.

Uma autoanálise profissional deve acontecer sempre que o trabalho que se está realizando pareça enfadonho e sem motivação. Quando esses dois fatores estão incomodando o indivíduo, com certeza algo errado está acontecendo.

É necessário, portanto, tomar certas atitudes e procurar o real motivo da desmotivação. Só assim o profissional competente terá uma nova chance de mostrar seu valor e sua competência.

Nessa autoanálise, também é necessário fazer algumas perguntas, tais como:

1. O meu desempenho está aquém do que eu posso produzir?
2. Onde eu estou falhando ou em que área preciso melhorar?
3. O que devo fazer para encontrar novas motivações no meu trabalho?
4. O problema está em mim ou nos regulamentos da empresa?

Perguntas como essas, com certeza, iluminarão os pensamentos do profissional que está sempre querendo melhorar e vencer os obstáculos do dia a dia.

Capítulo 38

Tenha um Planejamento Diário

É fato que no corre-corre diário falta tempo para realizar tantas tarefas no nosso cotidiano profissional.

O que mais vemos logo cedo são carros correndo como loucos e motoristas superestressados buzinando o tempo todo, como se o mundo girasse em sua volta e só ele tivesse pressa. É uma loucura geral.

Segundo alguns estudiosos, a falta de planejamento diário está fazendo com que muitas pessoas passem o dia apagando incêndio, e por essa simples razão não conseguem trabalhar de forma harmônica e eficaz.

Mas quais são os benefícios de se ter um planejamento diário, tanto no sentido pessoal como profissional da sua vida?

- ➢ Ele deixa sua mente mais tranquila, já que tudo está anotado.
- ➢ Você consegue definir um tempo melhor para cada tarefa assumida.
- ➢ Com o "mapa" do seu dia na não, você começa a resolver logo cedo o que é mais importante.
- ➢ Você saberá como agir sobre as coisas mais urgentes que forem surgindo de forma a não perder tempo por saber que tem outros assuntos a serem resolvidos.
- ➢ Ajuda você a não procrastinar determinadas tarefas "chatinhas" de fazer; já que você sabe que precisam ser realizadas, vá lá, faça logo e fique livre.

Em resumo, com um planejamento diário em mãos – que você pode anotar tanto em uma simples folha de papel ou na sua agenda eletrônica –, você produzirá muito mais em menos tempo e com mais qualidade e, principalmente, não perderá tempo com coisas que simplesmente atrasarão seus resultados.

Afinal de contas, não dá para perder tempo, não é mesmo?

Capítulo 39

Use a Inteligência Emocional para Atingir o Sucesso

A Inteligência Emocional difundida pelo renomado escritor e pesquisador Daniel Goleman é a base do sucesso pessoal, familiar e profissional, em que a pessoa tem o domínio sobre o seu autoconhecimento, autoestima e autoconfiança.

Por meio da Inteligência Emocional, a pessoa descobre como as emoções podem levar ao sucesso.

Usa corretamente a sua Inteligência Emocional o profissional que:

1. Tem motivação, entusiasmo e paixão pelo que faz.
2. Sabe conquistar o comprometimento da equipe.
3. Age por meio das emoções, conquistando seus objetivos.
4. Sabe despertar o que há de melhor em cada um.
5. Usa a emoção como ferramenta de motivação.
6. Sabe fazer sua autoavaliação.
7. Conhece as próprias limitações e aproveita seus pontos fortes.
8. Tem senso de humor.
9. Sabe reconhecer a necessidade de transformação.
10. E, principalmente, tem autocontrole emocional, sabendo lidar com impulsos e emoções.

Por isso, precisamos desenvolver a nossa Inteligência Emocional para:

1. Melhorar nossa produtividade e desempenho, desenvolvendo maior flexibilidade e motivação.
2. Aprendermos a administrar melhor nossos conflitos interpessoal e intrapessoal para encontrar estratégias de relacionamento mais produtivas.
3. Aperfeiçoar o nosso potencial para produzir melhores resultados para si mesmo e para a nossa carreira profissional.

Capítulo 40

Faça Seu Tempo Render Mais

Se alguma loja tivesse um produto chamado "tempo", com certeza seria a empresa de maior vendagem no mundo, afinal o que mais o profissional de hoje reclama é da falta de tempo para realizar suas tarefas cotidianas.

Mas será que existe alguma maneira de melhorarmos a qualidade do tempo que empregamos no nosso trabalho?

Afirmo que sim, porém é necessário disciplina e muita determinação para termos mais tempo para realizar nosso trabalho a contento.

Aqui vão algumas sugestões da psicóloga Sandra Motta Liger:

- Tenha sempre objetivos claros e questione o que está ganhando ou perdendo por causa deles.
- Aprenda a desenvolver uma visão mais otimista dos fatos.
- Tenha mais calma para enfrentar os problemas.
- Seja mais tolerante e paciente com os acontecimentos.
- Aprenda a ouvir.
- Não exagere nas expectativas em relação a si mesmo e aos outros.
- Reconheça seus limites.
- Estabeleça prioridades.
- Aprenda a delegar trabalho.
- Não seja perfeccionista.
- Procure não levar trabalho para casa.
- Tenha uma alimentação saudável.
- E procure praticar atividades físicas.

Capítulo 41

Encontre Sempre Equilíbrio entre Emoção e Razão

A origem da palavra **emoção** vem do latim *movere* que significa **"mover-se"**. E, como sabemos, o ser humano é o único capaz de administrar suas emoções.

No mundo globalizado em que estamos vivendo, saber equilibrar a **razão** e a **emoção** para tomar decisões mais acertadas requer de todo profissional um esforço tremendo, pois muitas vezes a razão pede uma atitude contrária do que a emoção indica.

Sabemos que as emoções não só exercem um papel importante na produtividade individual, como também são responsáveis por grande parte do rendimento coletivo.

Com esse objetivo, o de equilibrar razão e emoção, estaremos estimulando os indivíduos a:

- **Conhecer suas próprias emoções.**
- **Administrá-las da melhor maneira possível.**
- **Motivar a si mesmos.**
- **Reconhecer emoções em outras pessoas.**

Concluímos, então, que, para tomarmos atitudes mais coerentes com o nosso ser, precisamos equilibrar, amistosamente, as nossas emoções com a nossa maneira de raciocinar.

Capítulo 42

Evite Estar Sempre Reclamando

"As pessoas que vivem de queixas e lamentos não conseguem ter uma personalidade atraente."

Napoleon Hill

Nestes novos tempos, nós, brasileiros, estamos aprendendo algo fascinante sobre o mundo globalizado: não adianta mais reclamar dos acontecimentos da vida. Ou aprendemos com as "derrotas temporárias", sacudimos a poeira e damos a volta por cima, ou ficamos caídos reclamando de tudo e de todos.

Mas os profissionais modernos aprenderam a duras penas que é preciso caminhar para a frente, rumo aos objetivos, apesar da dor do dia a dia profissional.

Decepções, acordos desfeitos, a perda de um emprego e tantas outras coisas desagradáveis acabam ensinando ao ser humano algo mais profundo e dinâmico do que ele precisava aprender. Algo que muitas vezes só se aprende quando fazemos uma autoanálise profunda de tudo que acontece ao nosso redor.

Também aprendemos que reclamar do governo, da inflação, do patrão, não nos leva a nada. Porém o profissional que, imediatamente, ao passar por desafios constrangedores parte para a ação, consegue melhores resultados do que aqueles que ficam esperando as coisas melhorarem.

Eis algumas dicas importantes para quando você precisar tomar atitudes corajosas em sua vida profissional:

1. Aprofunde-se o máximo possível sobre a sua profissão.
2. Busque apoio com os mais experientes.
3. Seja cada vez mais dinâmico naquilo que realiza.
4. Não reclame, faça diferente e obtenha outros resultados.
5. Seja feliz não somente na chegada, mas durante todo o percurso da sua vida.

Capítulo 43

Se Não Ousar, Nada Vai Conseguir

"O maior risco é não se arriscar. Em um mundo que muda muito rápido, a única estratégia em que a falha é garantida é não arriscar."
Mark Zuckerberg – Criador do Facebook

Que o mundo corporativo passa por uma profunda mudança não é novidade para ninguém, e o profissional de qualquer área que deseja fazer sucesso precisa urgentemente procura inovar na sua profissão, ou seja, necessita ousar.
Na prática, o que é ser uma pessoa ousada?
É aquele profissional que não se cansa de aprender coisas novas, as quais podem ser usadas em seus projetos.
É aquele profissional que vasculha sempre em fontes diferentes a fim de saber o que se pode aprender para adaptar para sua área de atuação.
É aquele que não tem medo de fazer o diferente, de testar o que ninguém ainda ousou.
É aquele que sabe que, sem ousadia, sua vida profissional fica estagnada.
É aquele profissional que não sossega enquanto não cria algo novo e de melhor qualidade para seus clientes.
E que sabe que a ousadia vem da vontade de melhorar sempre o desempenho profissional.

Porém, muitas pessoas pensam que ser ousado é sempre fazer algo espetacular, totalmente diferente da realidade.

Nada disso.

Ser ousado profissionalmente falando é procurar meios e formas de melhorar a sua capacidade de se reinventar sempre, de buscar dentro de si a sua melhor *performance*.

> "Perca com classe, vença com ousadia,
> porque o mundo pertence a quem se atreve."
> **Augusto Branco**

Capítulo 44

Venda-se Profissionalmente

"Qualquer desafio que enfrentamos não é tão importante quanto nossa atitude frente a ele, pois é ela que determina nosso sucesso ou derrota."

Norman Vincent Peale

Em nossas palestras, costumamos perguntar à plateia: "Você tem preço?" Poucas são as pessoas que levantam a mão. Porém, estamos nos referindo ao preço profissionalmente falando.

Aí a coisa muda de figura.

Com esses novos tempos, todos nós precisamos ter um preço de mercado; mais do que isso, necessitamos nos preparar muito bem e vender com qualidade o nosso tempo e a nossa habilidade profissional.

Para conseguirmos ter um preço melhor em nossa profissão, será necessário:

- Preparar-se bem.
- Não interromper os estudos.
- Saber usar o marketing pessoal com eficiência.
- Acreditar no que faz.
- Fazer novas parcerias (*networking*).
- Ler bastante sobre sua área de atuação.
- Participar de inúmeros eventos, como feiras e *workshops*.

Além dessas dicas, o profissional que pretende ter êxito em sua carreira precisará, também, trabalhar mais do que a média e não se omitir de fazer tarefas que não são da sua área, e prestar muita atenção nos detalhes à sua volta, pois tudo conta, tudo pode somar para se alcançar o tão desejado sucesso profissional.

Capítulo 45

Cultive o Entusiasmo Sempre

"O entusiasmo é o motivador dinâmico que mantém as pessoas trabalhando com persistência em direção à sua meta."

Edward V. Appleton

Um dos principais segredos das pessoas que alcançam o sucesso – podemos afirmar com certeza – é o seu entusiasmo profissional.

Isso porque quem cultiva o entusiasmo em tudo que realiza enfrenta melhor as adversidades da vida.

Etimologicamente, entusiasmo significa *alegria, animação, contentamento, deleite, divertimento, felicidade, prazer* e *satisfação*, motivos suficientes para que o profissional seja mais entusiasmado em suas tarefas diárias.

Percebemos no nosso dia a dia que as pessoas que trabalham com um sorriso no rosto e sabem se relacionar bem com as demais conseguem com mais facilidade ter sucesso em suas carreiras, enquanto outras que trabalham com má vontade, sem ânimo e sem objetivos definidos não vão muito além, isso quando não perdem o emprego e a oportunidade de crescimento.

Já as pessoas que, apesar de todos os desafios da vida, mantêm o entusiasmo como seu maior aliado conseguem:

- ➢ Viver melhor.
- ➢ Relacionar-se bem com colegas de trabalho, patrões e clientes.
- ➢ Subir de cargos com maior facilidade.

- Viver bem em sociedade e com a família.
- Ter uma vida mais equilibrada em todos os aspectos.
- Administrar as surpresas desagradáveis do seu cotidiano profissional com maestria e bom senso.

Por essas razões, é bem melhor viver e trabalhar com mais entusiasmo, mais alegria e mais amor, fazendo da existência um momento de realização.

Capítulo 46

O Sucesso é Sempre uma Questão de Atitude e Não de Sorte

"O sucesso chega para aqueles que têm certeza do sucesso e, consequentemente, caminham na direção dele."

Lauro Trevisan

Querer vencer na vida todo ser humano quer; porém, nem todos estão dispostos a pagar o preço do tão desejado sucesso pessoal e profissional.

Isso porque o sucesso exige renúncia e uma determinação fora do comum, além de a pessoa precisar elaborar metas e seguir em frente apesar das derrotas que porventura possam acontecer.

Para que o sucesso profissional não seja apenas algo passageiro, é necessário que a pessoa:

1. Tenha controle sobre suas emoções.
2. Tenha coragem para enfrentar os desafios da vida de frente.
3. Não seja omissa.
4. Trabalhe muito mais do que a média.
5. Saiba conviver em harmonia com as outras pessoas.
6. Faça sempre novas parcerias.
7. Acredite no seu potencial.

Além disso, a pessoa que deseja ter sucesso em sua vida profissional precisará, também, explorar seus pontos fortes, ou seja, usar muito bem suas habilidades natas para ter destaque em sua carreira.

E sempre é bom lembrar que quem deseja chegar ao ponto mais alto do pódio precisa manter-se atualizado sobre tudo e, principalmente, em sua área de atuação.

Mas tudo isso precisa ser feito com muito amor e dedicação, senão o profissional estará fadado ao fracasso, por não estar altamente comprometido com seus anseios de êxito.

Capítulo 47

Procure Sempre Manter o Equilíbrio Emocional

Estas são algumas das frases mais ouvidas hoje em dia no ambiente de trabalho:
"Não aguento mais, estou superestressada".
"Não suporto mais tanta pressão".
"No ritmo em que estou trabalhando, vou acabar adoecendo".
"Minha vida profissional e pessoal está um verdadeiro caos".
Essas afirmações têm virado rotina na vida de muitos profissionais, ou seja, a carga de trabalho, as obrigações a serem cumpridas estão deixando muitas pessoas absolutamente frustradas e sem nenhum ânimo para obter sucesso.
Então, o que fazer?
Que atitudes tomar?
Em momentos como esses, é preciso reavaliar sua maneira de encarar as suas tarefas diárias.
É necessário buscar o equilíbrio entre suas verdadeiras habilidades e a capacidade com o que você se propõe a realizar no seu cotidiano profissional.
Também é importante adequar-se ao tempo previsto para a realização dos seus trabalhos, lembrando a que organização ajuda e muito a termos um melhor controle do nosso próprio tempo.
Por último, é preciso mudar algumas atitudes, como, por exemplo: dormir mais cedo, praticar algum tipo de leitura que der prazer,

fazer caminhadas ou mesmo exercícios físicos, participar de ações sociais que lhe possam dar um conforto emocional em poder auxiliar outras pessoas.

Enfim, o profissional moderno e globalizado não tem muito tempo para se queixar, até porque não adianta mesmo, mas deve procurar alternativas de sucesso como as citadas anteriormente. E nunca desistir dos seus sonhos, seguir sempre em frente com uma determinação fora do comum.

Afinal de contas, podemos muito mais do que já conseguimos até aqui. Pense nisso e boas vibrações.

Capítulo 48

Desenvolva Bem a Espiritualidade no Trabalho

Nessas profundas mudanças que vêm ocorrendo no mundo corporativo, muitas pessoas estão trabalhando de forma mecânica e sem muita fé no que estão realizando, visando apenas ao lado material do seu progresso. E o resultado disso é um verdadeiro desequilíbrio em todos os sentidos.

Falta a essas pessoas um desenvolvimento maior e melhor da sua própria espiritualidade, ou seja, falta fé, não há uma crença verdadeira naquilo que se pretende alcançar; afinal, o trabalho não pode ser mais visto como uma obrigação, mas como uma forma de progredir na vida.

E como o profissional de hoje pode desenvolver a sua espiritualidade, independentemente de sua religião?

Em primeiro lugar, é preciso buscar um equilíbrio emocional nas suas ações diárias.

Em segundo lugar, é muito importante desenvolver a sua fé com atitudes verdadeiras e coerentes.

Também se faz necessário viver mais em harmonia com todos a sua volta, isso porque ninguém consegue vencer na vida sozinho.

É importante verificar onde estamos falhando e o que nos falta para termos mais sucesso pessoal e profissional.

E vale a pena lembrar que a oração diária, feita do seu íntimo, também ajuda e muito o ser humano a viver em total harmonia consigo mesmo, com Deus e com o universo a sua volta.

Capítulo 49

Atitude Positiva Pode Fazer Toda a Diferença

Em muitos momentos da vida, uma Atitude Positiva pode fazer toda a diferença, especialmente em momentos de crise de vários aspectos.

Focar apenas no que de negativo está acontecendo não ajuda nada, mas apenas ficar esperando que tudo melhore também não é uma atitude sensata.

Manter uma Atitude Positiva é importante, mas é preciso antes fazer uma retrospectiva de vida e, logo em seguida, estipular novas metas e objetivos a serem atingidos. É aí que entra o poder da Atitude Positiva, pois, se não se acredita que vai conseguir, o resultado será pouco produtivo.

Mas por que é importante manter um Atitude Positiva?

Para nos vacinar contra os "negativos de plantão", que só querem ver o lado vazio do copo.

Para poder avançar com mais determinação.

Para acreditar no seu poder de ação.

Para fazer com a certeza de que dará tudo certo.

Pesquisas mostram que pessoas que têm apenas atitudes negativas, como "quanto pior melhor", não conseguem avançar nos seus propósitos de vida, e passam o resto do tempo se lamentando e contaminando quem está desejando e lutando por melhores resultados.

O ser humano é dotado de inteligência divina e precisa saber usá-la da melhor maneira possível para assumir de vez o controle da sua vida, pois não vale a pena ficar de braços cruzados esperando tudo cair do céu, não é mesmo?

O melhor é fazermos a nossa parte com dedicação total, com amor e com simplicidade de coração para estar sempre aprendendo, sempre avançando, sempre conquistando.

Acredite! Uma Atitude Positiva pode fazer toda a diferença.

Capítulo 50

Assuma Sempre Novos Desafios

"Não tenha medo de dar grandes saltos. Você não consegue atravessar um abismo dando dois pulos pequenos."

David Lloyd George

Para que o ser humano possa vencer os obstáculos da vida, precisa ter muita, mas muita coragem mesmo para não desistir diante do inesperado.

Hoje em dia, não há mais espaço para os que têm medo de enfrentar novos desafios; o mundo globalizado não perdoa os fracos de espírito, ou seja, só há lugar para quem resolve seguir em frente, apesar do medo e da insegurança que fazem parte da vida de todos nós.

Então, como criar uma coragem de leão para não desistirmos no meio do caminho?

A dica é simples, precisamos exercitar o nosso poder de ação, a nossa vontade criadora de fazermos algo melhor a cada dia; não podemos de forma alguma temer o inesperado, e mesmo diante de uma "derrota temporária" precisamos redobrar a nossa atenção e avançar apesar de tudo.

Os vencedores são aqueles que se recusam a desistir e que usam a sua inteligência para trilhar novos caminhos procurando acertar da melhor maneira possível.

Os vencedores não são mais "espertos" do que as outras pessoas, apenas buscam soluções cabíveis diante dos problemas, não perdem tempo com reclamações e agem imediatamente, não sobrando tempo para pensamentos negativos.

Os vencedores são aqueles que fazem parcerias novas todos os dias, pois entendem muito bem que sozinhos não vão muito longe.

Os vencedores tomam diariamente o "elixir da boa vontade" para se automotivar, pois compreendem que, sem uma vontade determinante para vencer, seus resultados não serão muito satisfatórios.

Enfim, **os vencedores** são todos aqueles que aprendem diariamente coisas novas, buscando desenvolver suas habilidades profissionais e emocionais para terem sucesso em todos os sentidos da sua vida.

E você, já se decidiu a ser um vencedor ou vencedora apesar dos obstáculos à sua frente?

Capítulo 51

Repense Sempre Sua Trajetória Profissional

Estamos observando ultimamente que muitas pessoas estão trabalhando por trabalhar, vivendo por viver, sem colocar energia naquilo que estão realizando no seu cotidiano profissional.

Uma vida assim não vale a pena ser vivida.

É preciso ter entusiasmo por aquilo que nos propomos a realizar.

Aqui vão algumas dicas interessantes para que você possa repensar sua trajetória profissional e dar uma nova guinada nas suas ações diárias, trabalhando assim com mais determinação e vontade de vencer:

- ➢ O que você está realizando no momento lhe satisfaz como profissional?
- ➢ O que você pode fazer para melhorar seu desempenho profissional?
- ➢ Quais são suas metas mensais e anuais?
- ➢ Quais são as pessoas a quem você pode pedir ajuda para realizar melhor seu trabalho?
- ➢ Você tem praticado sua leitura diária sobre assuntos relacionados com o seu trabalho?
- ➢ Tem feito novos cursos para aprimorar seus conhecimentos?

➢ Tem pesquisado constantemente na internet, buscando novos esclarecimentos que o ajudem a realizar um trabalho com mais eficácia?
➢ Você tem mantido sua rede de contatos sempre ativa?
➢ Você tem ajudado seus colegas de profissão, facilitando o trabalho da equipe?

Analise todas essas questões e comece a trabalhar com mais energia e entusiasmo profissional, a fim de que sua carreira tome novos rumos, levando você ao sucesso tão desejado.

Capítulo 52

Saiba Quais São Suas Principais Qualidades e Invista Nelas

Jamais na história da humanidade o ser humano foi tão testado e posto à prova nas suas atitudes como hoje, por esses motivos o profissional moderno não pode ser mais: ***acomodado, desmotivado, lento nas suas ações***, pois o mercado de trabalho está carente de pessoas de atitudes e coragem para exercer sua função da melhor maneira possível.

Em meu livro *Em busca da excelência profissional* destaco as principais características do profissional dos tempos atuais.

São elas:

1. Coragem para vencer.
2. Determinação e ousadia.
3. Equilíbrio emocional.
4. Bom humor.

Outros fatores importantes também devem fazer parte da carreira de todo aquele que pretende alcançar o êxito profissional, como por exemplo:

➢ Praticar o marketing pessoal com eficiência.
➢ Usar a inteligência emocional para tomar atitudes certas.

- Ser polivalente em suas funções.
- Ser coerente com o que prega e com o que faz.
- Aprender a trabalhar em equipe.
- Participar de treinamentos e de palestras técnicas e motivacionais.
- E usar sua rede de relacionamentos com qualidade.

Essas ações são importantes, porque facilitam o trabalho de todo aquele que sabe que o sucesso não acontece assim de uma hora para outra, mas com muito trabalho e determinação.

Capítulo 53

Use Seus Pontos Fortes a Seu Favor

Muitos profissionais perdem bastante tempo tentando melhorar seus pontos fracos, ou seja, deixam de aprimorar aquilo que fazem com excelência para focarem apenas em suas deficiências.

Nos dias atuais é primordial que saibamos usar nossas aptidões para melhorar o nosso desempenho profissional; para isso, faz-se necessário treinar os nossos pontos fortes para alcançarmos a excelência.

Vejamos a seguir alguns pontos importantes que precisam ser regularmente melhorados:

Empatia: para facilitar o caminho da comunicação.
Ousadia: sem ela fica mais difícil vencer barreiras.
Criatividade: para remover obstáculos e seguir em frente.
Ética: para não ser uma pessoa antiprofissional.
Flexibilidade: para resolver situações inesperadas com maestria.
Foco: para não perder tempo com trabalhos desnecessários.

Se observarmos com atenção as dicas citadas anteriormente, teremos maiores chances de vencermos em nossa profissão, afinal de contas esse é o objetivo de todo profissional que pretende ser excelente naquilo que se propõe a fazer.

Capítulo 54

Livre-se da "Desculpite Profissional Aguda"

Nas consultorias que venho prestando nas empresas, sempre me deparo com profissionais que são formados e alguns até pós-graduados com "desculpite profissional aguda", ou seja, procuram postergar todo trabalho novo que precisa ser feito.

É o tipo de profissional que arranja desculpa para tudo, foge das responsabilidades, como o artilheiro que procura desviar do zagueiro a fim de marcar o gol para o seu time.

E essa atitude não é mais aceita nos dias atuais.

Ou o profissional arregaça as mangas e procura melhorar seu desempenho, ou ficará de fora do mundo corporativo, que só aceita pessoas dedicadas e compromissadas com seu trabalho.

Profissionais do tipo: "não posso", "não quero", "não sei fazer" estão sendo cada vez mais rejeitados pelas empresas, isso porque essas atitudes, digamos, antiprofissionais, não podem mais fazer parte da vida do ser humano que deseja alcançar o sucesso pessoal e profissional.

O mínimo que as empresas contratantes esperam dos seus colaboradores internos é dedicação e determinação para que seu trabalho possa render de forma sistemática, fazendo com que a empresa cresça com o seu desempenho.

Então, aqui vai uma dica muito importante para você que anda desviando sua atenção do trabalho: preste mais atenção na hora em que estiver trabalhando, não perca tempo com reclamações infundadas, seja polivalente e faça seu trabalho render acima do esperado. Agindo dessa forma, você terá muito mais chances de conseguir um resultado satisfatório na sua carreira profissional.

Capítulo 55

Acredite: Você Pode Fazer Toda a Diferença

Em palestras e seminários que estamos sempre ministrando, percebemos quanto o ser humano precisa renovar suas próprias forças, diariamente, para não desistir dos seus sonhos pessoais e profissionais.

O desânimo está, cada vez mais, tirando das pessoas a vontade de seguir em frente; isso porque não está sendo fácil vencer tantos obstáculos e tantos desafios ao mesmo tempo.

Parece que o combustível da determinação está faltando em muitos profissionais que não estão conseguindo superar as suas deficiências momentâneas e, por isso mesmo, acabam desistindo no meio do caminho.

Mas será que existe solução para tantas pessoas que estão abandonando a sua própria carreira por pura falta de ânimo?

A resposta é sim.

Mas, para isso, será necessário que esse mesmo profissional faça uma autoanálise e comece a detectar rapidamente no que precisa melhorar e como deve usar seus pontos fortes para ser muito mais determinado do que vinha sendo ultimamente.

Precisa participar de grupos sociais para conhecer pessoas novas, ou seja, aumentar a sua rede de relacionamento.

Precisa voltar a se interessar pela leitura diária de temas referentes a sua profissão.

Necessita fazer novos cursos de aperfeiçoamento.

E, principalmente, saber ser muito mais articulado na hora de realizar um trabalho especial, para que seu desempenho comece a ser notado.

Por último, deve sorrir para a vida, para que ela possa também sorrir para você, pois quem vive de cara "amarrada" apenas espanta o bom humor, e sem bom humor não vamos a lugar algum.

Pense nisto: *acreditar em nossa realização profissional é preciso.*

Capítulo 56

Busque Sempre a Excelência

> "A persistência é irmã da excelência.
> Uma é questão de qualidade; a outra, questão de tempo."
>
> Marabel Morgan

Nenhum trabalho feito pela metade ou com má vontade merece reconhecimento.

Sabendo disso, o profissional deste novo século precisa buscar sempre a excelência na sua área de atuação.

Afinal de contas, ninguém consegue obter êxito em um trabalho feito com displicência, sem nenhuma motivação.

A excelência é algo que necessita ser treinado todos os dias, isso porque não nascemos prontos, mas vamos aprendendo de forma sistemática, todo dia, algo novo.

E o que o profissional de hoje precisa para fazer a diferença e alcançar a excelência?

Primeiro: ser disciplinado, realizando tudo na ordem necessária e no tempo certo.

Segundo: obedecer e quebrar as regras do jogo quando for realmente necessário, ousando sempre.

Terceiro: ser articulado com seus pares, ou seja, trabalhar de forma harmônica e com bastante humildade.

Quarto: investir sempre em sua formação acadêmica, participando de cursos profissionalizantes, palestras, etc.

Quinto: fazer sempre o seu trabalho diário com muito amor e muita determinação, sem jamais deixar algo pela metade.

Agindo dessa forma, as chances de sucesso profissional serão bem maiores para todo aquele que arregaçar as mangas e seguir em frente com muita obstinação.

Capítulo 57

Tenha uma Rede de Relacionamento

Em plena era de globalização, o profissional que está à procura de uma nova chance precisará observar com muito cuidado tudo que está acontecendo a sua volta.

Como sabemos, a concorrência está muito, mas muito acirrada mesmo, e o profissional que se considera bom no que faz está sendo candidato a ficar eternamente desempregado, pois hoje só existe espaço para quem busca a excelência no que realizar.

O "jeitinho brasileiro" não serve mais, agora é preciso que sejamos profissionais altamente qualificados para a função que desejamos desempenhar.

O profissional dos tempos modernos que não tem uma assinatura de revista dentro da sua área de atuação, que não participa de palestras e cursos, estará infinitamente sendo derrotado pelos que estão buscando informações todos os dias. Não dá mais para arranjar desculpas; o momento é crítico, mas existem, sim, soluções simples para que o profissional que procura uma nova colocação consiga um lugar ao sol.

Primeiro ponto a considerar é que a pessoa precisará formar uma super-rede de relacionamentos, afinal de contas, são esses contatos que podem nos indicar para um cargo, uma empresa ou mesmo um trabalho temporário.

E como formar essa rede de relacionamento (*networking*)?

Participando dos mais variados eventos, como palestras, *workshops*, lançamentos de livros, teatro, cinema, confraternizações, enfim, existe um leque enorme para que você possa conhecer novas pessoas que de alguma forma facilitem ou mesmo o indiquem para um amigo ou para uma empresa que combine com suas qualificações.

Outro detalhe importante é o uso do cartão de visita; mesmo você estando à procura de uma nova oportunidade, precisa ter seu cartão pessoal atualizado, com seu nome completo, *e-mail*, telefones convencionais e celular, além do seu endereço particular. Lembre-se: cartão de apresentação é coisa séria, então cuidado como você vai elaborá-lo.

Capítulo 58

Diante das Adversidades não Perca a Paciência

"Paciência e constância de propósito pesam mais que o dobro da inteligência."

Thomas Henry Huxley

No mundo turbulento em que o profissional moderno precisa enfrentar vários desafios, quem não desenvolver uma paciência fora do comum na certa não terá muito êxito em suas realizações.

Não adianta ter um preparo pessoal e profissional apurado e na hora de desenvolver suas tarefas diárias não ter o chamado "jogo de cintura" para saber o tempo certo de agir e o de esperar os acontecimentos.

Isso não quer dizer que o profissional deve ficar de braços cruzados esperando a solução cair do céu.

Muito pelo contrário.

A pessoa pode e deve fazer tudo que estiver ao seu alcance para ter sucesso em seus afazeres. Todavia, está faltando em muitas delas a paciência profissional, ou seja, aquela paciência de fazer a coisa certa, na hora e no lugar corretos, e aguardar os resultados esperados.

Sem paciência, a pessoa fica extremamente ansiosa, nervosa e, com isso, começa a atropelar processos pelos quais o trabalho que está sendo realizado precisa passar.

A paciência é uma forma inteligente de o indivíduo fazer as coisas acontecerem.

E, neste mundo altamente acelerado, se o profissional não desenvolver o poder de concentração e de ação imediata, ele começa a ficar perdido e os resultados, na certa, não serão benéficos.

Capítulo 59

Tenha Sempre a Excelência como Forma de Fazer Sucesso

Costumamos afirmar em nossos treinamentos que os bons profissionais estão ficando de fora do mercado de trabalho, isso porque quem deseja se manter ativo em sua carreira precisa buscar sempre a excelência.

E, para ser excelente naquilo que se propõe a fazer, o profissional moderno precisa:

- Fazer mais com menos tempo, menos recursos.
- Trabalhar acima da média das outras pessoas.
- Saber lidar com conflitos internos e externos.
- Aprender algo novo todos os dias.
- Entender as variações da sua área de atuação.
- Participar de seminários e *workshops*.
- Manter sua rede de relacionamento sempre ativa.
- Desenvolver uma espiritualidade forte.
- Acreditar sempre no seu poder de ação.

Como sabemos, a excelência só se torna um hábito quando não nos acomodamos em nossa profissão, quando estamos sempre em busca da melhoria contínua e não aceitamos a mediocridade.

Portanto, é necessário sermos melhores a cada novo dia, a cada nova semana, a cada novo mês e a cada novo ano.

Capítulo 60

Não Tenha Medo de Fazer Sucesso

"O covarde nunca tenta, o fracassado nunca termina e o vencedor nunca desiste."

Norman Vincent Peale

Pressão, pressão e pressão: é o que todo profissional de hoje sente na pele todos os dias.

Porém, para se ter sucesso na vida pessoal e profissional não adianta mais reclamar nem ficar esperando que as coisas caiam do céu.

É preciso ter coragem e muita ousadia para não desistir diante dos obstáculos.

Se eu lhe perguntar se você se acha uma pessoa mais bem preparada hoje do que há cinco anos, na certa sua resposta será sim.

Sabe por quê?

Porque você venceu os obstáculos que apareceram na sua frente. Simplesmente se recusou a desistir e seguiu firme, apesar da dor emocional que muitas vezes deve ter sentido.

É bom recordar que o corajoso não é aquele que não tem medo, mas quem, mesmo diante do medo e da insegurança, segue adiante e redobra suas forças interiores para alcançar seus objetivos.

Aqui vão algumas dicas importantes para você praticar quando estiver se sentindo pressionado diante de eventuais problemas do seu cotidiano:

- Acredite no seu poder de ação, não espere as coisas melhorarem por si sós, faça sua parte imediatamente.
- Procure aprender com pessoas de sucesso, elas sempre têm algo a lhe ensinar.
- Leia livros e revistas que ajudem você a redobrar suas forças.
- Participe sempre que puder de palestras e cursos motivacionais; esses encontros sempre nos dão uma força extra.
- Pratique a sua religiosidade de forma mais intensa e verdadeira. A oração, com certeza, é uma força muito poderosa que você pode usar a qualquer momento.
- E seja grato a todos aqueles que de forma direta ou indireta estão, sempre, ajudando-o a seguir em frente.

Capítulo 61

Siga os Mandamentos para o Sucesso Profissional

No mundo competitivo em que estamos vivendo, conseguirá ter mais sucesso aquele que souber administrar sua carreira profissional e, principalmente, não esmorecer diante dos obstáculos.

O primeiro ponto importante a se destacar é que o profissional que alcança o sucesso é aquele que procura sempre desempenhar melhor suas funções a cada dia. Se você neste momento está desanimado com sua *performance* profissional ou deseja melhorar consideravelmente suas habilidades, aqui vão algumas dicas importantes que chamo de **Mandamentos para o sucesso profissional**:

Mandamento da Motivação: quando se sentir desmotivado, essa é a melhor hora para fazer uma autoanálise do que você vem desenvolvendo na sua carreira. Com certeza você poderá modificar algumas atitudes para seguir com mais ânimo na sua trajetória profissional.

Mandamento do Aqui e Agora: se você está procrastinando os seus afazeres diários, ou seja, está adiando coisas importantes, é imprescindível que comece a agir imediatamente, pois o mundo globalizado não perdoa pessoas acomodadas. O certo é você começar a agir com o que tem em mãos e ir até o fim.

Mandamento da Ousadia e Determinação: é sabido que sem ousadia e determinação o profissional moderno não consegue ir longe demais. Portanto, coloque em suas veias uma dosagem extra de coragem e inovação, para que seu trabalho seja realizado com mais profissionalismo e sucesso.

Mandamento da Convivência Pacífica: esse mandamento nos ensina a nos relacionarmos melhor com colegas de trabalho, superiores e, principalmente, os nossos clientes. Quem se relaciona bem, vive e trabalha melhor, além disso consegue resultados superiores.

Mandamento da Perseverança: diante dos obstáculos o ser humano tem uma grande desculpa para não prosseguir, mas é aí que mora o perigo. As pessoas que alcançaram o tão desejado sucesso profissional foram aquelas que se recusaram a desistir. Então, siga firme, apesar dos atropelos do dia a dia. Você pode muito mais do que já conseguiu até aqui. Não desista.

Mandamento da Organização: o profissional organizado trabalha melhor porque tudo de que precisa está no seu devido lugar, desde uma simples caneta até relatórios e pastas de arquivos. Se você não se acha uma pessoa organizada, comece hoje mesmo a organizar sua mesa de trabalho da melhor maneira possível, facilitando assim o seu desempenho profissional.

Mandamento da Fé: este talvez seja o mais importante, pois a fé move montanhas, ou seja, sem fé nenhum trabalho por mais belo e perfeito que seja tem sentido. Por isso, amigo(a), seja humilde o suficiente para manter a sua verdadeira fé viva, ela com certeza o ajudará em todos os momentos, principalmente nos mais difíceis.

Esses mandamentos seguidos diariamente ajudarão você a ser mais motivado, ousado e determinado em suas ações.

E lembre-se sempre de que, com uma convivência pacífica, com perseverança, organização e fé os resultados positivos acontecerão naturalmente.

Siga firme, pois o mundo só aplaude de pé aquelas pessoas que não desistem diante de uma derrota temporária e seguem em frente com uma coragem fora do comum.

Fico torcendo por você.

Capítulo 62

Supere-se a Cada Novo Dia

> "É bom lembrar que nada lhe trará o sucesso,
> a não ser você mesmo."
>
> **Napoleon Hill**

Desafios diários são encontrados por todos os profissionais de todas as áreas. E, queiramos ou não, são esses mesmos desafios que nos fortalecem ou nos derrotam, dependendo, apenas, da maneira como enfrentamos cada um deles.

Na área de vendas, por exemplo, o vendedor tem um desafio diário que precisa ser vencido com inteligência, ousadia e muita determinação, isso porque a concorrência é grande e atualmente não vence o maior, mas o mais bem preparado, o mais rápido.

E como se superar a cada dia?

Como ser melhor em sua área de atuação?

Primeiro: sabendo exatamente onde você estava, onde você está e aonde deseja chegar, pois sem caminho traçado não existe ponto de chegada.

Segundo: inovar será sempre uma questão de bom senso, pois quem não inova fica obsoleto rapidamente.

Terceiro: buscar na leitura diária sempre algo que possa somar na sua carreira.

Quarta: construir e manter uma rede de relacionamentos (*networking*) sempre ativa.

Quinto: sempre que for possível, sair um pouco da rotina, fazer uma viagem com a família, conhecer outros lugares, pois afinal ninguém é de ferro.

Essas são atitudes simples para que você possa se superar cada dia, cada mês e cada ano com excelência.

Pense nisso e boas vibrações para você.

Capítulo 63

Use a Motivação Como Diferencial Competitivo

É fácil perceber a diferença de uma pessoa que obtém sucesso em sua vida pessoal e profissional de outra que não consegue ir muito longe.

A diferença está na motivação que cada um tem dentro de si.

Creio que todos nós já nascemos com uma motivação no nosso íntimo, mas, com o decorrer dos anos, precisamos enfrentar inúmeros desafios. Só que durante os momentos de "crise" pessoal ou mesmo profissional muitos acabam destruindo a sua automotivação e passam a sentir-se sempre prejudicados, a não mais sentir forças suficientes para seguir em frente.

Já a pessoa que consegue manter a motivação interior, mesmo diante de grandes desafios, consegue vencer mais, e essa mesma motivação a ajuda a criar oportunidades de sucesso.

Em tempos de competição acirrada e feroz, o ser humano que conseguir automotivar-se constantemente terá, sim, um diferencial competitivo que o ajudará a ter mais força e equilíbrio emocional nos momentos mais difíceis de serem enfrentados.

Se você, amigo leitor, neste instante, está passando por alguma dificuldade em qualquer que seja sua área de atuação, faça uma autoanálise da sua vida até aqui e procure lembrar-se dos sucessos que já alcançou. Agindo assim, estará injetando uma dose especial de ânimo para enfrentar essa dificuldade momentânea.

Afinal, você pode muito mais do que já conseguiu até aqui.

Capítulo 64

Invista Sempre em Sua Carreira

Em tempos de competição acirrada, jamais o profissional moderno pode dar-se ao luxo de não investir em sua própria carreira. Afinal, quem não buscar novas informações sobre sua área de atuação vai ficando "rapidinho" para trás.

Hoje, como sabemos, dispomos de vários meios para aprofundarmos os nossos conhecimentos, por exemplo: cursos presenciais ou pela internet, palestras, seminários, livros, revistas, enciclopédias, etc.

O que o profissional não pode é ficar de braços cruzados vendo o tempo passar e ficar se lamentando que os tempos são difíceis.

O melhor mesmo é ir em busca de novos conhecimentos que o ajudem a seguir em frente com mais coragem e determinação ao tão almejado sucesso.

E quais os principais benefícios para quem está sempre buscando melhorar seus conhecimentos profissionais?

1. Sair na frente dos seus concorrentes.
2. Conseguir ser um diferencial competitivo.
3. Não perder tempo com coisas e assuntos obsoletos.
4. Ter sempre argumentos fortes para negociar seus produtos e serviços.

5. Conseguir resolver seus problemas olhando sempre de um ângulo diferente, aumentando assim as suas chances de sucesso.
6. E também passar a ser visto como uma pessoa de sucesso que não desiste diante dos obstáculos.

Tomando essas atitudes, você já começa a se preparar para o futuro que já chegou.

Capítulo 65

Use Bem a Estratégia do Foco

Quem deseja colecionar vitórias em sua jornada aqui na Terra precisa ter foco naquilo que almeja alcançar. Isso porque é grande o número de pessoas que se perdem durante o caminho, simplesmente por fazerem coisas de que não precisam, tirando o foco daquilo que realmente necessita ser feito.

Ter foco é saber exatamente aonde se deseja chegar.
Ter foco é estabelecer metas claras que o levem ao lugar desejado.
Ter foco é não perder tempo.
Ter foco é ter um mapa para se orientar.
Ter foco é ser perseverante para não desistir.

Uma pessoa que não sabe que caminho seguir está sem foco, dirigindo sem saber aonde vai chegar e, nesse caso, qualquer caminho serve.

Portanto, você, leitor, que trabalha dia e noite para a realização dos seus sonhos, preste atenção no foco que está tendo neste presente momento, porque, se perder o foco das suas atitudes, estará desperdiçando tempo nos seus afazeres.

Quem tem foco tem um caminho claro a seguir.

Quem não tem foco está perdido.

Daí nasce a importância de saber onde você estava, onde está neste momento e aonde deseja chegar.

Faça uma pausa e observe se você está tendo noção onde está seu foco: nos problemas ou nas soluções que precisa alcançar?

Não perca tempo com coisas e conversas sem sentido.

Siga firme no seu propósito.

Afinal de contas, a vida é muito breve para se perder tempo com coisas supérfluas.

Que a partir de hoje seu foco seja no sucesso, no trabalho contínuo, no fazer o bem a todos a sua volta, pois quem tem foco sabe exatamente aonde quer chegar.

Capítulo 66

Seja um Profissional Diferenciado

"Faça hoje o que a maioria não faz, para ter amanhã
o que a maioria não tem."

Zig Ziglar

Sabemos que o mercado de trabalho está cada vez mais exigindo profissionais altamente qualificados, mas muitos não se deram conta disso e continuam na mesmice, trabalhando por trabalhar, sem nenhuma emoção, sem vida, sem paixão e sem comprometimento.

É preciso que o ser humano moderno acorde para a realidade e quebre alguns paradigmas importantes, pois ainda há pessoas que acreditam no ditado popular: "Devagar se vai ao longe". Só que isso mudou, devagar se chega por último. Já outros usam a seguinte desculpa: "Os últimos serão os primeiros". Essa máxima não serve mais para o mercado globalizado, que exige cada vez mais pessoas buscando sempre a melhoria contínua, o primeiro lugar.

É hora de o profissional moderno sair da acomodação costumeira e ir à luta com muita convicção e determinação, senão será mais um frustrado na multidão esperando "o grande dia" chegar.

O momento é de transformação, é de mudança radical no modo de ser e de viver.

A verdade é nua e crua, e quem não se adaptar às "terríveis" exigências do mundo profissional ficará para trás e será ultrapassado por aqueles que sabem exatamente aonde querem chegar e não desanimam diante dos obstáculos que forem aparecendo.

Quem deseja conseguir o tão sonhado sucesso pessoal e profissional tem de pagar o preço, ir muito mais além; tem de mostrar força interior, ter equilíbrio emocional e uma força espiritual fora do comum para não desanimar.

O mundo moderno pertence aos que estão sempre em busca de serem excelentes em sua área de atuação.

E você, já se determinou a vencer, custe o que custar?

Capítulo 67

Tenha Atitude. Fique de Olho nas Oportunidades

Quantas pessoas perdem grandes chances na vida pelo simples fato de não aproveitarem as oportunidades por pura falta de atitude.

Ter atitude significa estar aberto para os acontecimentos do dia a dia, ou seja, estar com a mente voltada para o sucesso.

Uma pessoa de atitude não se acovarda quando a oportunidade não aparece, ela simplesmente cria novas chances de melhorar de vida, buscando em seu interior uma força toda-poderosa para elaborar novas estratégias para sua própria realização pessoal ou mesmo profissional.

Aconselho você, leitor, a melhorar sua atenção para tudo que acontece ao seu redor, pois muitas vezes a oportunidade vem disfarçada de problema, e quem não está apto para enxergar essa oportunidade perde grande chance de ser feliz, de se sentir mais realizado.

Tome uma atitude diante da sua própria vida, saia do comodismo e faça sua vida valer a pena, afinal de contas nada cai do céu, a não ser chuva.

A sua vida será sempre o resultado de todas as suas atitudes diárias, então não perca mais tempo, acredite no seu poder de ação, vá à luta, siga seu coração e abrace os desafios da vida com coragem, força e determinação.

Você merece ser feliz.

Você merece ser uma pessoa realizada.

Capítulo 68

Trabalhe Bem Sua Empatia nos Relacionamentos Profissionais

Um profissional que possui um caráter exemplar e consegue ser empático com as pessoas tem uma chance maior de sucesso em sua carreira.

Empatizar é conseguir familiarizar-se com as pessoas com as quais precisamos conviver no nosso cotidiano em busca de sucesso.

Costumamos ouvir sempre que fulano não é uma pessoa simpática, o que na prática quer dizer que fulano não é alguém confiável para se fazer negócios.

Enquanto uma pessoa empática, ao contrário, consegue ser cordial, tranquila e ao mesmo tempo profissional naquilo que seu trabalho exige a cada novo dia.

Afirmamos sempre em nossas palestras pelo Brasil que o profissional que consegue ter um semblante de paz e que transmite a mensagem que as pessoas podem confiar nele, consegue ter muito mais resultados positivos, isso porque, no mercado que muitas vezes está corrompido, ser verdadeiro e profissional acaba sendo um diferencial competitivo.

Incentivo você a, neste momento, refletir um pouco como está lidando com as pessoas no seu dia a dia. Como o seu semblante recebe seu cliente? Como você está se comunicando com as pessoas? Quais são os resultados que vem conseguindo no seu dia a dia? E em que pontos você pode melhorar para aumentarem as suas chances de sucesso?

Pense nisso e tome as devidas providências para ter mais sucesso sempre.

Capítulo 69

Use Sua Força Máxima

É incrível o número de pessoas pelo mundo afora que não se sente realizado em sua vida, seja no lado pessoal ou profissional.

Se analisarmos detalhadamente a vida dessas pessoas, uma maioria absoluta não está usando todo o seu potencial, ou seja, não está colocando em prática sua Força Máxima.

Sabemos que o ser humano é dotado de uma inteligência impressionante, porém ela precisa ser usada na prática para que os resultados apareçam.

Não basta ter boa intenção e vontade de vencer se diante dos obstáculos o profissional for perdendo sua motivação, o que acarretará na certa uma diminuição no seu poder de agir.

Estamos vivendo em um mundo de Alta Pressão diariamente, e quem consegue se adaptar às profundas mudanças que o mundo vem passando se sairá muito melhor do que aquelas pessoas que se assustam e se retraem.

Aguentar pressão nos dias de hoje é de suma importância para não desistirmos facilmente.

E essa pressão só poderá ser combatida e vencida quando usarmos nossa Força Máxima de ação.

Você pode estar se perguntando agora:
– Que força é essa?
Eu lhe respondo:

1. É o somatório de toda sua experiência de vida pessoal e profissional.
2. É o seu poder de ação e de reação.
3. É o seu conhecimento colocado em prática.
4. É a sua força de vontade sendo executada.

Capítulo 70

Use Bem as Redes Sociais para Obter Sucesso

As redes sociais da atualidade, como Twitter, Linkedlin, Facebook, A Whatsapp, Instagran, entre outras, constituem hoje excelentes ferramentas para quem deseja praticar o marketing pessoal para conseguir divulgar melhor sua imagem profissional.

Portanto, essas ferramentas precisam ser bem usadas e com muita ética, caso contrário, elas contarão pontos negativos na sua trajetória profissional.

A seguir, algumas dicas para você usar bem esses importantes veículos de comunicação *on-line*:

- Elabore seu perfil da melhor forma possível.
- Depois, divulgue para amigos e clientes em potencial.
- Tenha cuidado para não agredir a gramática, caso isso aconteça poderá prejudicar sua imagem; portanto, antes de postar algo, releia com atenção o que escreveu e depois, caso seja necessário, peça para alguém corrigir para você.
- Ao emitir sua opinião sobre algo, tenha a certeza de que não estará cometendo nenhum tipo de delito, por exemplo: sendo preconceituoso com raça, sexualidade, etc.
- Procure sempre usar uma linguagem simples e direta para que sua mensagem seja bem assimilada pelas pessoas que fazem parte da sua rede de contatos.

- Visite as redes sociais de que seus contatos participam para estar sempre atualizado com os profissionais e empresas que lhe interessam.
- E o mais importante: mantenha a rede social de que você participa atualizada, caso contrário você passará uma imagem de profissional desleixado.

Agora é com você.

Aproveite as redes sociais para construir e gerir sua marca pessoal e divulgue para todos.

Capítulo 71

Preste Atenção a Tudo Aquilo Que Retarda o Resultado Esperado

"Seu futuro depende de muitas coisas, mas principalmente de você."

Frank Tyger

Todos nós, que atuamos no mercado de trabalho, desejamos alcançar o sucesso. Para isso acontecer precisamos pagar o preço, ou seja, precisamos nos preparar o tempo todo para as mudanças que vão acontecendo normalmente em nossa vida.

Para não retardarmos o tão desejado sucesso profissional, listo a seguir dez motivos que atrapalham nosso avanço rumo ao sucesso:

1. Não saber o que se quer.
2. Não estipular metas alcançáveis.
3. Procrastinar atitudes.
4. Não se especializar em sua área de atuação.
5. Não se atualizar com frequência.
6. Querer atuar em áreas desconhecidas, sem buscar novos conhecimentos.
7. Não se relacionar bem com as pessoas.

8. Esquecer de ser proativo.
9. Não trabalhar bem em equipe.
10. Esperar o sucesso cair do céu.

Analisando item por item, perceba se, neste momento da sua carreira profissional, você está negligenciando algo a que precisa prestar mais atenção, corrigir erros e seguir mais confiante para alcançar o tão desejado sucesso profissional.

Afinal de contas, o sucesso acontece para quem suporta pressão e se prepara muito bem para merecê-lo.

Capítulo 72

Seja Sempre Muito Determinado

> "O Impossível só vira realidade se você estiver bem preparado quando a chance aparecer."
>
> Oscar Schmidt

Minha experiência como consultor empresarial me mostra que várias pessoas poderiam ter um sucesso muito maior se fossem mais determinadas em seus projetos de vida.

Noto que muitos desistem diante dos obstáculos que vão surgindo, contentando-se com muito pouco.

Quantas pessoas que começam uma carreira profissional e ao primeiro sinal de dificuldades acabam mudando de profissão, de projetos, ou seja, ficam pulando de galho em galho para ver no que vai dar?

No mundo altamente competitivo e globalizado, quem não for determinado perderá ótimas chances de alcançar o tão desejado sucesso.

Acredito que somente com uma determinação fora do comum, o profissional moderno pode avançar mais sem temer o inesperado.

Somente com força de vontade e a mente aberta para novas experiências o ser humano consegue ir bem mais longe.

Neste momento da sua trajetória profissional, o que está impedindo você de avançar mais?

Existe algo que você possa fazer para ter mais sucesso em sua profissão ou mesmo nos seus projetos pessoais?

Seja como for, tenha sempre muita determinação em tudo que se prestar a fazer, pois o sucesso só chega para quem não desiste facilmente.

Capítulo 73

Cuidado com a Desmotivação Que Assola o Mundo Moderno

Com tantas oportunidades de crescimento pessoal e profissional, mesmo assim o ser humano vive atualmente a maior crise de motivação jamais vista na história.

É pressão para todo lado.

É estresse emocional que não acaba mais.

Inclusive, há pessoas perdendo a saúde para ganhar dinheiro e depois perdem o que conseguiram para tentar recuperar a saúde negligenciada por anos a fio.

Mas será que o ser humano consegue viver essa turbulência de emoções negativas enfrentada no dia a dia?

Será que é possível alcançar o sucesso, sem perder a felicidade interior?

Afirmo com todas as letras que é possível, sim, obter êxito e ser feliz ao mesmo tempo, sem que para isso paguemos um preço alto demais.

Para tanto, é necessário que o profissional moderno possa:

- ✓ Dar um passo de cada vez.
- ✓ Manter suas emoções sob controle.
- ✓ Ter paciência com o mundo a sua volta.
- ✓ Trabalhar com energia de principiante.
- ✓ Ser ético e determinado.
- ✓ Ser forte e energizado.

E, para manter sua motivação em alta, aprenda a vacinar-se contra o negativismo que é facilmente encontrado no mundo corporativo.

Essas são dicas simples que, se bem observadas, podem ajudá-lo a ser mais feliz, mais realizado e mais consciente do seu papel neste mundo extraordinário em que vivemos.

Pense nisso!

Tome providências rápidas para mudar seu estilo de vida; viva a vida que sempre sonhou, pois felicidade é muito mais do que ter bastante dinheiro e bens materiais.

Felicidade é ter paz de espírito e sabedoria para enfrentar os desafios diários.

Capítulo 74

Faça Mais do Que é Pago para Fazer

O mercado de trabalho, nos dias atuais, não está aceitando mais os "bons" profissionais.
Apenas os excelentes é que estão conseguindo mais espaço.
Pois os bons fazem apenas o trivial que lhes mandam fazer.
Enquanto os excelentes fazem sempre mais.
Os bons contam os minutos para irem embora.
Já os excelentes, caminham um quilômetro extra.
Os bons fazem sempre do mesmo jeito.
Os excelentes estão sempre criando maneiras inovadoras de fazer seus trabalhos.
Os bons são competentes no que fazem.
Os excelentes são extraordinários no seu trabalho.
E quais as vantagens de fazer mais do que se é pago para realizar?

1. O profissional passa a ser mais valioso.
2. Essa atitude lhe dá mais confiança.
3. Os superiores começam a confiar e a respeitá-lo mais.
4. E o mercado começa a abrir novas portas.

Portanto, amigo(a) leitor(a), pense grande e faça sempre muito mais do que você recebe para fazer.

E faça sempre com uma dose extra de dedicação e amor.

Mais cedo ou mais tarde, você desfrutará do tão desejado sucesso pessoal e profissional.

Pense nisso e avance sempre mais.

Capítulo 75

Cuidado com a Autossabotagem

Querer fazer sucesso todo muito deseja.
Obter melhores resultados na vida, é óbvio que todos querem.
Mas por que será que muitas pessoas deixam seus sonhos pessoais e profissionais escorrerem pelos dedos?
Se analisarmos bem, muitas delas não percebem que estão sabotando o seu próprio sucesso.
Você pode estar pensando: "Como assim?".
E eu posso lhe responder da seguinte maneira:
Uma pessoa sabota a própria carreira quando:

- ✓ Espera resultados imediatos da sua ação.
- ✓ Não faz o esforço extra necessário para alcançar seus objetivos.
- ✓ Pensa que não vai conseguir mesmo.
- ✓ Acha que o sucesso definitivamente não lhe pertence.
- ✓ Seus pensamentos são mais focados no negativo do que no positivo.
- ✓ Não se especializa na sua área de atuação.
- ✓ Não se renova.
- ✓ Não lê.
- ✓ Não procura conversar com pessoas que já chegaram lá.
- ✓ Fica acomodada.
- ✓ E, principalmente, liga o "rádio" na emissora das desculpas, na qual o mundo está errado e somente ela está certa.

Já as pessoas de sucesso sabem o que querem e procuram um meio de conseguir.

Como assim?

Respondo:

Elas sempre encontram um jeito de fazer o seu trabalho.

Não reclamam da vida.

Não reclamam da sorte.

Elas têm metas claras e anotadas para saber para onde estão indo.

São obstinadas pelo sucesso e não descansam até conseguir.

Enfim, pessoas prósperas usam toda sua Energia Emocional para subir cada dia um degrau a mais e, assim, sentirem-se felizes e realizadas. Elas não dão ouvidos aos sabotadores internos e seguem sua missão com uma determinação fora do comum.

E você, tem tido cuidado com os seus sabotadores internos?

Lembre-se: para a frente é que se anda.

Acredite, você pode ir bem mais longe do que já foi até aqui.

Capítulo Final

Chegamos à conclusão deste livro, no qual juntos analisamos a importância de se tornar um profissional mais qualificado e preparado para enfrentar o mercado de trabalho.

Vimos quanto é necessário sair do nosso comodismo habitual e enfrentar o medo com preparação e organização.

Também observamos que nos tempos atuais não podemos mais perder tempo com reclamações infindáveis, o momento é de muita disciplina, muita coragem e muita força de vontade para vencer os desafios sempre com bom humor, entusiasmo vigorante e uma determinação fora do comum.

Com as informações contidas nesta obra, espero que você tome as providências necessárias que há tempos vinha adiando, pois seu sucesso profissional dependerá, e muito, dos próximos passos que der com mais confiança e mais habilidade emocional.

Lembre-se também de praticar o seu marketing pessoal de forma sistemática e consistente, isso porque o mercado de trabalho precisa conhecer suas qualidades profissionais e, se você não aparecer, ninguém vai reconhecer o seu talento.

Sempre que puder faça novos cursos de aperfeiçoamento, buscando novos conhecimentos técnicos e motivacionais para que sua carreira não fique estagnada, isso sem falar da importância de manter a leitura sempre em dia.

Aqui uma última informação: sempre que precisar tirar algumas dúvidas sobre sua carreira profissional, mande-nos um *e-mail* com suas perguntas, teremos o maior prazer em ajudar.

Agora, daqui por diante, as decisões de ser um Excelente Profissional e prosperar cada dia mais estão em suas mãos. Espero sinceramente ter contribuído com algo a mais para o seu tão sonhado sucesso profissional.

BOAS VIBRAÇÕES PARA VOCÊ!

Caro leitor, gostaria muito de receber uma mensagem sua por meio do nosso *site* <www.eugeniosales.com.br> ou do nosso *e-mail*: <consultor@eugeniosales.com.br>, dizendo o que achou desta obra. Muito grato por sua honrosa atenção.

Nota do Editor

A Madras Editora não participa, endossa ou tem qualquer autoridade ou responsabilidade no que diz respeito a transações particulares de negócio entre o autor e o público.

Quaisquer referências de internet contidas neste trabalho são as atuais, no momento de sua publicação, mas o editor não pode garantir que a localização específica será mantida.

Bibliografia

BORDIN FILHO, Sady. *Marketing Pessoal*: Dez Etapas para o Sucesso! Rio de Janeiro: Best Seller, 2013.

CALDAS, Rogério. *A Vida é um Combate, Sucesso é Dor*. Recife: Markação, 2003.

DINSMORE, Paul Campbell; SOARES, Monique Cosendey. *Coaching Prático*: o Caminho para o Sucesso. 3. ed. Rio de Janeiro: Qualitymark, 2014.

GÓIS, Maurício. *O Desafio de Ser Excelente*: as 200 Provocações da Excelência para Você Atingir o Seu Máximo. São Paulo: Madras Editora, 2003.

MINARELLI, José Augusto. *Networking*: como Utilizar a Rede de Relacionamentos na Sua Vida e na Sua Carreira. São Paulo: Gente, 2001.

MONTOYA, Peter; VANDEHEY, Tim. *A Marca Chamada Você*. São Paulo: DVS, 2010.

MUSSAK, Eugênio. *Metacompetência*: uma Nova Visão do Trabalho e da Realização Pessoal. 7. ed. São Paulo: Gente, 2006.

O'KEEFE, John. *Superando os Limites*: Como Tornar-se Eficiente e Eficaz Através da Superação de Seus Próprios Limites. São Paulo: Makron Books, s.d.

PASCHOAL, Luiz; PEDRI, Ana Janete; PASCHOAL, Rodrigo Lorenzo. *O Profissional Dez*: Como Ser um Profissional Procurado por Dez entre Dez Empresários. Rio de janeiro: Qualitymark, 2010.

RIBEIRO, Lair. *Inteligência Aplicada*. São Paulo: Arx, 2002.

SOUKI, Ômar. *Paixão por Marketing*. São Paulo: Market Books, 2000.

WEISINGER, Hendrie. *Inteligência Emocional no Trabalho*. Rio de Janeiro: Objetiva, 1997.

Algumas das nossas Palestras e Treinamentos Corporativos:

- As Ações Inteligentes para o Sucesso
- Em Busca da Excelência Profissional
- Como Encantar o Cliente
- A Força Motivadora em Vendas
- Ser Educador: um Desafio Inspirador
- Liderança Inspiradora
- *Coaching* para uma Vida Melhor

Como Desenvolvemos Nossos Trabalhos:

De forma expositiva, prática e dinâmica, principalmente, com trabalhos vivenciais, músicas, trechos de filmes, além da aplicação de dinâmicas interativas.

Contatos:

<www.eugeniosales.com.br> – <www.facebook.com/eugeniosalesqueiroz>

Apoio:

MADRAS® Editora
CADASTRO/MALA DIRETA

Envie este cadastro preenchido e passará a receber informações dos nossos lançamentos, nas áreas que determinar.

Nome _____
RG _____ CPF _____
Endereço Residencial _____
Bairro _____ Cidade _____ Estado ____
CEP _____ Fone _____
E-mail _____
Sexo ❏ Fem. ❏ Masc.   Nascimento _____
Profissão _____ Escolaridade (Nível/Curso) _____

Você compra livros:
❏ livrarias   ❏ feiras   ❏ telefone   ❏ Sedex livro (reembolso postal mais rápido)
❏ outros: _____

Quais os tipos de literatura que você lê:
❏ Jurídicos   ❏ Pedagogia   ❏ Business   ❏ Romances/espíritas
❏ Esoterismo ❏ Psicologia ❏ Saúde   ❏ Espíritas/doutrinas
❏ Bruxaria   ❏ Autoajuda   ❏ Maçonaria ❏ Outros:

Qual a sua opinião a respeito desta obra? _____
_____

Indique amigos que gostariam de receber MALA DIRETA:
Nome _____
Endereço Residencial _____
Bairro _____ Cidade _____ CEP _____

Nome do livro adquirido: ***Em Busca da Excelência Profissional***

Para receber catálogos, lista de preços e outras informações, escreva para:

MADRAS EDITORA LTDA.
Rua Paulo Gonçalves, 88 – Santana – 02403-020 – São Paulo/SP
Caixa Postal 12183 – CEP 02013-970 – SP
Tel.: (11) 2281-5555 – Fax.:(11) 2959-3090
www.madras.com.br

MADRAS® Editora

Para mais informações sobre a Madras Editora,
sua história no mercado editorial
e seu catálogo de títulos publicados:

Entre e cadastre-se no site:

www.madras.com.br

Para mensagens, parcerias, sugestões e dúvidas, mande-nos um e-mail:

marketing@madras.com.br

SAIBA MAIS

Saiba mais sobre nossos lançamentos,
autores e eventos seguindo-nos no facebook e twitter:

@madrased

/madraseditora